中国智慧

写给中学生的18堂

国学文艺课

胡立根◎著

中国大百科全书出版社　知识出版社

图书在版编目（CIP）数据

写给中学生的18堂国学文艺课 / 胡立根著. -- 北京：
知识出版社，2019.6
　（中国智慧）
　ISBN 978-7-5215-0051-6

　Ⅰ．①写… Ⅱ．①胡… Ⅲ．①中华文化—中学—课外
读物 Ⅳ．①G634.303
　中国版本图书馆CIP数据核字(2019)第173811号

写给中学生的18堂国学文艺课　胡立根 著

出 版 人	姜钦云
出版统筹	张京涛
产品经理	王云霞
责任编辑	王云霞
装帧设计	中外名人
出版发行	知识出版社
地　　址	北京市西城区阜成门北大街17号
邮　　编	100037
电　　话	010-88390659
印　　刷	三河市人民印务有限公司
开　　本	710mm×1000mm　1/16
印　　张	15
字　　数	209千字
版　　次	2019年6月第1版
印　　次	2025年1月第4次印刷
书　　号	ISBN 978-7-5215-0051-6
定　　价	52.00元

今天我们怎样学国学？

国学的学习一般有三个层次。

国学学习的最低层次是蒙学，就是学习《三字经》《弟子规》《百家姓》《幼学琼林》之类。严格地说，这个层次的学习不能叫国学的学习，因为此阶段主要是识字教育，外加一些为人处世基本常识的认知，是人生文化的入门教育，所以叫蒙学，刚刚发蒙而已。但人们习惯上也将它叫作国学。

国学学习的最高层次是对中华传统学术体系的学习。这个层次的学习要求无疑很高，它要求修习者不仅能对整个国学知识的体系有较为整体的把握，以奠定深入研修的基础，还要将大量的国学原典装进自己的大脑，甚至要求全文背诵儒家的十三经、道家的主要经典及佛学的重要典籍。就像许多非物质文化遗产一样，国学也需要有人传承。国学的传承者要有深厚的学术素养和国学功底，能将整个中华传统的学术体系，乃至生僻的传统文化知识进行整理、研究、阐发、传承。很显然，这种传承，应该只是少数人或者一些专门人才做的事情。这是一种精英国学。

国学学习的中间层次是大众国学。就大众而言，大多数人并非中文专业或历史专业等方面的国学专门人才，尤其是就青少年群体的绝大多数人来说，他们并不是国学知识体系的传承者，不应该都走精英国学的道路。

但是，大众又的确应该懂点国学，因为国学承载的是中华民族的文化传统，蕴含着中华民族的精神特质。梁启超说得好："凡一国之能立于世界，必有其国民独具之特质……祖父传之，子孙继之，然后群乃结，国乃成。"

处于中间层面的大众国学，学什么？怎么学？尤其是对于广大青少年来说，怎么学国学？要回答这个问题，会有一连串的追问。

第一个追问是：作为非专业的大众，有多少时间和精力学习国学？

今天的社会是一个快节奏的社会，各种信息纷至沓来，应接不暇。大家忙工作，忙交际，忙着接受各种新信息、新技术，恐怕没有很多时间和耐性来阅读艰深繁难的大部头原典。至于中小学生，语、数、外、政、史、地、理、化、生，学习各科知识已经不堪重负，语文、英语学科中要求背诵的课文都还来不及背诵，哪有那么多时间来背诵整本深奥难懂的国学原典呢？更别说穿着唐装汉服去像老夫子那样老气横秋地"之乎者也"了。今天，已经不是"闲坐小窗读《周易》，不知春去几多时"的时代了。

所以，我们没有必要一股脑地将传统文化兼收并蓄，也没有太多时间花在传统文化的学习上，我们必须有选择地学。那么，怎么选择？选择什么？

这就有了第二个追问，作为非国学专业人士、非"非遗继承人"的大众，学习国学既然不是为了传承国学知识体系，那么目的到底是什么？大众学国学到底学什么？

作为一个民族的成员，一个国家的公民，的确需要适当了解一下本民族本国家的古代文化知识，学一点国学知识，以免数典忘祖。但是，大众学习国学知识，有几点值得注意：

第一，这种知识应是当今社会仍然适用的活的"国学知识"，而不是那些如"回"字的四种写法之类的冷僻知识。

第二，这种了解只是浅层次的学习，因为大众学习国学，了解的知识毕竟有限。

第三，也是最主要的，就是单纯学习国学知识绝不是大众学习国学的主要目的。任何古老国家和古老民族，在漫长的历史过程中都会形成许多具有本民族特色的知识，但这些知识大部分已经过时或者被淘汰，而那些没被淘汰的部分，大都已经融入现代知识体系之中了。现代学校教育就是以吸收传统文化知识之后的现代知识体系为课程背景，来教授系统的人文社科知识和自然科学知识，这里面已包含了历史知识和古典文学知识。这样，就没有必要在现代课程体系之外，再花很大精力去学习大量的古老知识了。

既然如此，普通民众、广大青少年学生为什么还要学习传统文化呢？国家在修改课程标准的时候，为什么还要特别强调传统文化的继承？这种继承，到底是继承什么？

其实，在任何民族，多数人学习本国的传统文化时，要学习和传承的不是传统文化中那些具体的知识，也不是某一部具体的经典，而应该是本民族的文化精神和文化智慧，也就是传统文化中那些对我们今天仍然有价值的思维方式、文化观念、价值观念、人文精神。它们是本民族优良的精神图式、思维图式和审美图式，是传统文化中充满正能量的文化基因。让传统文化中充满正能量的文化基因、文化精神融入大众的血液，落实到具体的行动中，这才是大众学习传统文化的意义所在。

所以，这种学习，不是要回到过去，而是要指向未来，让过去的学问和里面蕴含的精神为大众未来的人生服务，为未来的社会服务。大众国学，应该始终让大众立足于今天的时代，来吸取传统的精神。

这种学习是对精神价值的传承，不是对传统文化观念的机械照搬，也不是对传统文化中陈谷子烂芝麻的笼统吸收，更不是盯着其糟粕不放，这种精神价值传承更应该是一种"抽象继承"。

"抽象继承"是冯友兰先生在20世纪50年代提出的一种文化继承方法。事实证明，这种方法在文化精神传承上是非常有价值的，对大众国学的精神价值传承而言，更是如此。历史上的任何观念、思想，无论中西，都是在某种具体的历史土壤中产生的，不可避免带有历史的局限性。正如《吕氏春秋·察今》所言："凡先王之法，有要于时也。时不与法俱在，法虽今而在，犹若不可法。故释先王之成法，而法其所以为法。"

　　我们要学习的不是传统文化中那些现成的东西，而是它所体现的精神，而且可以在其中加上我们今人的合理理解。比如"天人合一"的观念，如果就其具体历史内涵而言，具有太多的比附和荒谬，有太多的封建迷信思想，但是如果我们剔除其糟粕，提取其"人与自然和谐统一"的核心精神，不是很有价值吗？

　　这种抽象继承的办法，要求有人从大量的国学原典和国学历史中爬罗剔抉，提取我们民族优良的文化基因，即传统文化中充满正能量的精神"观念"，包括精神图式、思维图式和审美图式，然后进行通俗解说。

　　这自然就产生了第三个追问：中国传统文化中有这种优良的精神图式、思维图式和审美图式吗？或者说，中国传统文化对世界文明的贡献是什么？它的价值在哪里？在今天的文明建设和未来的世界建设中，中国传统文化的价值在哪里？换言之，国学对于世界，它体现了怎样的中国智慧？国学在今天，它体现了怎样的传统智慧？

　　近年来，我们潜心于传统文化的学习，发现中国传统文化或者说我们通常所说的"国学"，其实就是智慧之学。如果用一个字来概括西方的现代科技，那就是"智"，而用一个字来概括中国的"国学"，则是"慧"。我们的国学，是一种基于智商与情商又高于智商与情商的智慧之学。

　　我们在广泛阅读国学典籍的基础上，参考中外学者的国学研究成果，对传统文化进行梳理，从哲学思想、政治理念、修身之道、文化意识、人生智慧等维度，梳理传统文化的观念，从中提炼出我们民族传统文化观念的 54 个关键词，列表如下：

哲学思维与政治智慧（18个）	天人合一	和而不同	大道至简	辩证逻辑
	直觉意会	知行合一	立象尽意	模拟类比
	明心见性	系统思维	格物致知	仁者爱人
	民为邦本	家国情怀	礼乐治国	内圣外王
	经世致用	儒道互补		
修身与处世智慧（18个）	自强不息	厚德载物	修齐治平	独善兼济
	孝悌忠信	浩然之气	民胞物与	慎思明辨
	四为之志	君子之道	有容乃大	刚柔并济
	返璞归真	清静无为	因势利导	韬光养晦
	达观圆融	心性工夫		
文学艺术与教育智慧（18个）	因材施教	愤启悱发	教学相长	经学传统
	博观约取	道进乎技	文以明道	春秋笔法
	虚室生白	须弥芥子	大巧若拙	温柔敦厚
	文质彬彬	气韵风骨	味外之旨	传神写意
	言志抒情	诗性文化		

我们认为，这些关键词代表的中华文化观念，是中华文明对世界智慧宝库贡献的精神图式、思维图式和审美图式，是先人留给我们治国理政、为人处世、修身养性的宝贵经验，对我们今天乃至未来的文明建设具有极其重要的指导价值。

为此，我们对这些关键词代表的中国智慧进行认真研究，深入研读这些概念涉及的主要国学原典，并对这些观念做了大致梳理，以这些观念为框架，构建起我们的国学教育体系。这种国学教育以国学观念为框架，引导学习者从国学观念入手，结合原典，理解中华民族的传统精神与智慧，所以我们把这种国学教育称为"观念国学"。

也许，我们提取的国学观念不一定全面，甚至不一定准确，这种方式也不一定是最好的方式，但我们想通过这种努力，试图直达本质，直指大众国学的根本任务——精神价值传承，从而让大众国学具有明确的方向性，具有明确的价值引领，让大众在学习国学时少走弯路；让大众对民族文化的精神价值有一个体系性的了解，不至于只见树木，不见森林；让大众在国学学习的过程中，充分感受到国学的价值和意义，由此引发进一步的学习兴趣；节约大众的学习时间，尤其对于中小学生来说，不会因为学习国学而过多地加重学习负担。同时，这是直接从国学观念入手的学习，有助于学习者由观念学习向观念践行的转变，并最终实现国学学习由"知识""原典""观念"的学习向知行合一的"实践国学"的转变。

胡立根
2019 年 5 月于深圳羊台山

中国智慧
写给中学生的18堂国学文艺课

目 录

中国智慧
写给中学生的18堂国学文艺课

第 1 课

因材施教：以生为本，实施爱的教育

　　因材施教，意思是在教育教学过程中，教师从学生的不同个性、志趣、能力、认知等方面差异的实际出发，选择不同的教育教学方法，进行有针对性的教育，从而促进学生充分发展。语出朱熹《论语集注》："孔子教人，各因其材。"清代郑观应在《盛世危言》中正式概括出"别类分门，因材施教"。

学在官府的西周教育

中国春秋以前文化教育的基本特点是学在官府、政教一体、官师合一。

一方面，那时的思想家基本都是事业家，或管内政，或主外交，或掌典籍。如提出"和而不同"思想的史伯，他是西周太史，掌管朝廷文告、国家典籍、天文历法，负责记录史事、编写史书，是朝廷重臣。春秋时法家代表人物管仲，是齐国大夫管庄之子，他先是辅佐公子纠，后来又辅佐公子小白成为春秋五霸之首，任齐桓公上卿（即丞相）达四十年，在齐国政治舞台上活跃了五十七年。同样是法家的子产是郑穆公之孙，郑公子子国的儿子，在郑国执政二十一年。像离孔子时代最近的晏婴，是齐国上大夫晏弱之子，后来继承父亲的上大夫之位，历仕齐灵公、庄公、景公三朝，辅政长达五十余年。

另一方面，西周的学校都是官学。

中国古代的学校产生很早。

董仲舒《春秋繁露》说，五帝时已有"成钧之学"，已不可考。

到虞舜时代就有了虞庠之学。庠，从广从羊，本义为养羊之处，后来演变为食羊者所居之所。羊为佳肴，主要供氏族长老享用，故"庠"演变为敬老养老之所，后来成为礼官养老之所。礼官养老之时，自觉地向后人传授生产生活的人生经验，于是，"庠"便有了教育之所的含义。

夏后氏时代，有所谓"夏后氏养国老于东序，养庶老于西序"之说。"序"，本指堂屋的东西墙，东墙谓之东序，西墙谓之西序。后来东序指东厢，西序指西厢，也就是夏朝的学校。

"校"，为用竹木围成的圈养之所，后来演变成习武、比武、围猎的场所，即所谓"校场"。在夏朝，"校"实际上是军事体育类的教育场所。

到西周，学校的教育制度已经非常完备，分为国学和乡学两种。

其中国学为天子、诸侯官学，叫"辟雍"和"泮宫"，设在王城和诸侯国都。乡学为地方官学，称为庠、序、校、塾。国学、乡学都是官学。西周"学在官府"，学校、图书、典章、文物、器具均为国家所有，教师由官吏担任，政教不分，官师合一。学生限于贵族子弟，教学内容主要是以"礼"为首要内容的"六艺"，即礼、乐、书、数、御、射。

开创私学与万世师表

西周末年，幽王淫乱无道，导致百姓怨怒，后来申侯联合西夷犬戎攻入西周都城镐京，西周灭亡。周平王将国都东迁洛阳，王室势力衰微，诸侯势力大兴，当时有一百四十多个诸侯国，他们互相攻伐兼并，外族也乘机入侵，天子无力抵抗，常常求助诸侯，一些强大的诸侯便乘机自居霸主。历史进入春秋时期，"天子失官，学在四夷"，之前王室所设立的官职，原本是世代相传，此时因为政治变故，任职者离开王室，他们所执掌的学术随之流落四方，原来深藏宫廷的文化典籍也散落民间，成为平民读物。正所谓"旧时王谢堂前燕，飞入寻常百姓家"。于是学术逐渐下移，先是下移到诸侯国，后来下移到民间，随之政教逐渐分离，官师逐渐分化。

一是学术从政治逐渐分离。此时，思想家与职业政治家开始出现分离，学术上有了道家的老子，儒家的孔子，墨家的墨子，以及邓析、列子、杨朱等一大批民间学者和国民思想家，开始有了学术上的百家争鸣，开启了真正的中华学术史。

二是官学衰微，私学兴起。随着学术下移和各派思想的争鸣，各派思想家为宣传自己的学术主张，开始聚徒讲学，兴办私学，出现了私学繁荣的景象。章太炎在其《国故论衡》中说："老聃仲尼而上，学皆在官；老聃仲尼而下，学皆在家人。"

而孔子则不仅是当时私学的开创者，更是当时从教时间最长、办学规模最大、招收学生最多、影响最深远的教育家，被后世称为"万世师表"。

孔子对教育主要有三大贡献：

1.创办私学，惠及平民，提出"有教无类"。

西周时，只有贵族子弟方有权利享受官学教育，自孔子，则只要有志求学，并履行拜师手续即敬赠十条干肉者，他都愿意接受。由此，他提出了"有教无类"，主张在教育上人人平等。至此，教育向贵族特权说拜拜，不再只是少数贵族的专利了；教育的对象不再只是贵族，而是"人"，是不分高低贵贱，不论出身地域，不论老少贤愚的"人"。孔门弟子固然有贵者如孟懿子、南宫敬叔、司马牛，富者如子贡，但更多的是来自社会中下层，贫如原宪，贱如仲弓，鄙如子张，野如子路，鲁如曾参，愚如高柴，寒门闵子骞，盗者颜涿聚；除鲁国本地人以外，还有从齐、卫、晋、吴、秦、楚等十多个诸侯国远道而来者；小如公孙龙，小孔子五十三岁，大如秦商，仅小孔子四岁；更有曾皙曾参父子、颜路颜渊父子。

2.因材施教，让每个学生得到充分发展。

孔门弟子年龄悬殊，性格各异，或智或愚，或进或退，或敏捷，或驽钝，难以统一施教，于是孔子一改西周官学生硬死板的教学方式，"孔子教人，各因其材"（朱熹），对学生听其言，观其行，从学生的秉性差异出发，实施不同的教育。例如，一次，门人子路和冉有问孔子同一个问题："听到某种道理后是不是要马上行动呢?"孔子回答子路："有父兄在，怎么能不请示父兄就行动起来呢?"而对冉有的回答则是："对啊，听到了就要马上行动啊。"对同一个问题的回答竟然完全不同。后来孔子解释说，冉有总是胆小退缩，所以要鼓励他；而子路鲁莽率性，逞勇好斗，所以要约束他。

正是这种因材施教，其弟子都得到了充分的发展，愚如高柴成了有德之士，鲁如曾参成了一代大儒，野如子路成了谦谦君子，偏激如子张成了一方显士。

孔子杏坛讲学图（吴彬 绘）

3.倡导启发式教学，循循善诱。

春秋以前的官学立足于"禁"和"敬"，教师用体罚和威胁等方式强迫学生读书，并且要学生自幼养成盲从的习惯。孔子则总是根据学生的不同特点循循善诱，耐心启发。例如鲁国人冉雍即仲弓，其父是地位低下的贱人，仲弓为此而自卑，孔子针对他的心理状况启发他说："耕牛所生之子如果够得上做牺牲（祭品）的条件，山川之神一定会接受这种祭品的。"意思是虽然你父亲地位低，但只要你自己相当优秀，人们照样不会抛弃你。正是这种教导鼓励，使自卑的仲弓最终成了孔门十哲之一。

"仁者爱人"与"学生本位"

孔子的因材施教，是一种人本主义的教育思想。

因材施教是孔子"有教无类"教育思想的必然要求。正因为他的"有教无类"，使弟子们的资质、地位、出身、年龄、地域、性格、需求、目的差异很大，如果采用统一的内容，同一种方法，同一种说话方式，那只能满足部分学生的需求，必然是一种淘汰式教育，无法保证每个学生都能得到应有的发展；只有从每个学生的资质、性格、需求等实际出发，进行有针对性的教育，才能满足全体弟子的需要。

所以，在孔子这里，虽然为师者仅有一人，却能针对不同的学生，开设不同的科目："德行：颜渊、闵子骞、冉伯牛、仲弓。言语：宰我、子贡。政事：冉有、季路。文学：子游、子夏。"

他根据学生的不同资质，确定学生的培养方向。例如曾参，资质鲁钝，但他有自知之明，刻苦勤奋，注重修养，重视反思，谨慎谦虚，孔子据其潜质传以孝道，使其成为一代大儒，以孝闻名。子路粗野鲁莽，逞勇好斗，也许不是做学问的料子，但他刚强爽直，知过能改，孔子引导他朝政事发展，并不断约束，促其改邪归正，终于使他由"野人"变成言行一致的"君子"，成为孔门政事科的杰出代表。

即使同一教学内容，根据不同学生、不同情景，孔子的教授也各不相同。例如，在关于什么是"仁"的教学中，由于对象不同，其教学内容和方法都差异很大：

颜渊问什么是"仁"，孔子回答"克己复礼为仁"。樊迟问"仁"共有三次，孔子一次回答说"爱人"，一次说"行仁的人先努力辛苦耕耘，然后才收获成果"，一次说"平时态度庄重，工作认真负责，与人交往真诚"。仲弓问"仁"，孔子的回答则是："出门如见大宾，使民如承大祭，己所不欲，勿施于人。在邦无怨，在家无怨。"司马牛问"仁"，孔子回答说："仁者，其言也讱。"意思是，仁者，他的言语迟钝。

孔子以克己复礼为己任，颜渊资质奇高，极富学问，所以，孔子直接以"克己复礼"回答颜渊，希望他能传承衣钵。而樊迟天资与颜渊相差甚远，孔子用浅显具体的语言加以点拨。仲弓富于政治才能，孔子希望他作为政治精英，能放低身段，对部属和民众谦恭有礼，恪尽职守，尊重他人，不可仗势压人，不可留下怨言。而司马牛多言刻薄，好说大话，所以，孔子强调仁者要少言寡语。

同样，当弟子们问"孝"时，孔子也因弟子情况不同而回答各异。

所以，孔子的教育不是从知识体系出发的以知识为本位的教育，而是从学生实际出发的以学生为本位的教育。他的教育是没有教科书的教育，是只有"人"的教育，是典型的以学定教，以人定教，始终是学生立场。

因为有教无类，才需要因材施教。也正是因材施教，才真正保证了"有教无类"的有效实施，才充分体现了孔子"仁者爱人"的思想。因为仁，所以有教无类，所以门徒性格各异，不搞择优录取。因为爱，且因为爱每一个人，所以因材施教。《论语·宪问》记载："子曰，爱之能勿劳乎？"因为真正爱学生，所以就关注每个学生，观察研究每个学生，想方设法为每个学生找到适当的内容和方法，让他们都能得到所需的教育，得到尽可能的发展。

研究学生是施教关键

要因材施教，就要关注每个学生，研究每个学生。孔子可以说是中外教育史上倡导研究学生并努力实践的第一人。

他关注每一个学生。

他提出"视其所以，观其所由，察其所安"，考察学生的行为动机、行事过程和生活方式。

他采用的方法，一是听其言。例如，他多次要弟子各言其志，通过学生言志了解其志趣，最典型的是《论语·先进》中的"子路冉有公西华侍坐"。孔子还通过与学生讨论学问，知晓弟子的学业精进程度。如与子贡讨论《诗经》，了解到子贡能举一反三，"告诸往而知来者"。与子夏讨论《诗经》，而知子夏学问之精进，说"起予者商也"，认为子夏给了他启发。二是观其行，"今吾于人也，听其言而观其行"（《论语·公冶长》）。

通过言、听、观、视、察，孔子对学生有了全面深入的了解，能准确说出弟子的性格特征，如："由也果"，"赐也达"，"求也艺"，"求也退"，"由也兼人"，"由也好勇"，"回也闻一以知十，赐也闻一以知二"，"师也过，商也不及"，"柴也愚，参也鲁，师也辟"，"贤哉，回也"，"回也不愚"，"孝哉，闵子骞"。

他既研究学生的个体，更研究学生的群体和类型。他对学生群体的研究，成就斐然。

他说"性相近也，习相远也"，他认为人的本质是相同的，正是因为后天的习染和学习而产生了差异。学习改变人，环境塑造人，所以他创办私学，广收门徒。

他认为大部分人是可教的，是可以通过教育而成材的。他说："唯上智与下愚不移。"这句话并不是说下层被统治者的愚蠢是难以改变的，他在"上智与下愚不移"之前特地加了个"唯"字，是想说，只有极个别上智与下愚者改变不了，其他大多数人是可以通过教育而改变的。

中国智慧
写给中学生的18堂国学文化课

所以，他说"生而知之者，上也；学而知之者，次也；困而学之者，又其次也；困而不学，民斯为下矣"，大部分人是学而知之者，只要肯学，"人一能之己百之，人十能之己千之。果能此道矣，虽愚必明，虽柔必强"。所以，他才广收门徒，有教无类；而收门徒的条件是必行束脩，以示有心向学。

他对学生多维分类，因类施教。

从资质维度，他将学生分为"上智""中人""下愚"。如"回也不愚"，"回也闻一以知十，赐也闻一以知二"，"柴也愚，参也鲁（迟钝）"。他认为，"中人以上，可以语上也；中人以下，不可以语上也"。所以，在教樊迟和颜回什么是"仁"时，从内容到方式都有很大差异。在教什么是"孝"时，孟懿子问"孝"，他只简单回答"无违"。然后他跟樊迟说，"无违"就是"生，事之以礼；死，葬之以礼，祭之以礼"。因为樊迟的理解力超过孟懿子，孔子才有了进一步的解说。

从品性维度，他将学生分为果敢、畏缩、胆大、勇毅、偏激、鲁莽。所以，"求也退，故进之；由也兼人，故退之"。

从特长维度，他发现端木赐之通达，冉求之多才多艺，闵子骞和曾参之孝，子夏文学感悟力很强，子贡言语能力很强。所以，孔门弟子，"德行：颜渊、闵子骞、冉伯牛、仲弓；言语：宰我、子贡；政事：冉有、季路；文学：子游、子夏"。

从动力维度，他将学生分为知之、好之、乐之："知之者不如好之者，好之者不如乐之者。"所以，他言传身教，终身以学习为乐：在齐闻《韶》，三月不知肉味；发愤忘食，乐以忘忧，不知老之将至。

从学习境界维度，他将学生分为学习、悟道、立身于道和运用自如四个层次："可与共学，未可与适道；可与适道，未可与立；可与立，未可与权。"

从年龄维度，他发现不同年龄段的学生心性有别，因此施教内容与方法也应有别："少之时，血气未定，戒之在色；及其壮也，血气方刚，戒之在斗；及其老也，血气既衰，戒之在得。"

他还发现品德与学习之间的关系："好仁不好学，其蔽也愚（迂腐愚笨）；好知不好学，其蔽也荡（放荡不羁）；好信不好学，其蔽也贼（易被人利用，害己害人）；好直不好学，其蔽也绞（尖酸刻薄）；好勇不好学，其蔽也乱（捣乱闯祸）；好刚不好学，其蔽也狂（胆大妄为）。"

孔子从研究学生个体，到研究学生群体，完美地诠释了什么叫研究学生，什么叫"因材施教"。

此外，师者深厚的学养是因材施教的重要条件。学生资质、品性、年龄、经历、需求各不相同，没有任何一本统一的教材能满足所有学生的不同需要。所以真正的因材施教是没有统一教材的，老师就是教材，孔子精通六艺，集古代文化之大成，所以无论对什么学生他都能找到恰当的内容和方法。

 撷英掇华

《原典》

孔子因材施教

子路①问："闻斯行诸②?"子曰："有父兄在，如之何其闻斯行之?"冉有③问："闻斯行诸?"子曰："闻斯行之。"公西华④曰："由也问闻斯行诸，子曰'有父兄在'；求也问闻斯行诸，子曰'闻斯行之'。赤也惑，敢问。"子曰："求也退，故进之；由也兼人⑤，故退之。"（《论语·先进》）

①子路：仲由，字子路，孔门十哲之一。②斯：就。诸："之乎"的合音，兼词，兼有代词"之"和疑问语气词"乎"的意思。③冉有：冉求，字子有，通称"冉有"。孔门十哲之一。④公西华：公西赤，姓公西，名赤，字子华，亦称公西华。孔子七十二贤人之一。⑤兼人：超过别人，一人顶俩；好胜，胆大。

文本大意 子路问："听到了就要行动吗?"孔子说："有父亲和兄长在，怎么能听到了就行动呢?"冉有问："听到了就要行动吗?"孔子说："听到了就要去行动。"公西华说："仲由问'听到了就要行动吗?'您说'有父亲和兄长在，怎么能听到了就行动呢？'冉求也问'听到了就要行动吗？'您却说'听到了就要去行动'。我很疑惑，请问这是为什么？"孔子说："冉求总是退缩，所以要鼓励他；仲由胆大，所以要约束他。"

《学记》① 论因材施教

今之教者，呻其佔毕②，多其讯言③，及于数④进，而不顾其安，使人不由其诚，教人不尽其材。其施之也悖⑤，其求之也佛⑥。夫然，故隐⑦其学而疾其师，苦其难而不知其益也。虽终其业，其去之必速，教之不刑⑧，其此之由乎！

…… ……

学者有四失，教者必知之。人之学也，或失则多，或失则寡，或失则易⑨，或失则止。此四者，心之莫同也。知其心然后能救其失也。教也者，长善而救其失者也。

①《学记》是《礼记》中的一篇，由西汉戴圣编纂，是我国古代最早的一篇教育专论。②呻其佔毕：呻，吟诵。佔毕：古代学校课本。佔：通"笘（shān）"，古代儿童识字的竹片。毕：竹简。③多其讯言：话很多，满堂灌。讯：问。④数：迫切，急促。⑤悖：悖谬，违背。⑥佛：通"拂"，违背。⑦隐：隐痛，伤痛。⑧刑：成。⑨易：浅易。

文本大意 今天的教师，吟诵课文，照本宣科，上课满堂灌，急于赶进度，而不考虑学生接受能力，致使学生不能诚心求学。教师不能因材施教，不能使不同学生得到充分发展。教学违背了教学原则，要求也不符合学生实际。这样，学生就会厌恶他的学业，怨恨他的老师，视学习为畏途，不懂学习的益处。虽然学习过程结束，所学的东西必然忘得很快。教学达不到目的，原因就在这里！

…… ……

学生的学习常有四种过失，教师一定要知道。人们学习，或失之于贪多务得，不求甚解；或失之于不求进取，知识面窄；或失之于不能深入，浮于表面；或失之于浅尝辄止，难以坚持。这四种过失，反映了学生不同的学习心理。教师只有懂得了学生的这些心理特点，才能补救学生的过失。教学，就是发挥学生的优势，改正学生的缺点。

名言

◎爱之能勿劳乎？（春秋·孔子）

◎性相近也，习相远也。（春秋·孔子）

◎中人以上，可以语上也；中人以下，不可以语上也。（春秋·孔子）

◎生而知之者，上也；学而知之者，次也；困而学之，又其次也；困而不学，民斯为下矣。（春秋·孔子）

◎少之时，血气未定，戒之在色；及其壮也，血气方刚，戒之在斗；及其老也，血气既衰，戒之在得。（春秋·孔子）

◎视其所以，观其所由，察其所安。（春秋·孔子）

◎求也退，故进之；由也兼人，故退之。（春秋·孔子）

◎教也者，长善而救其失者也。（《礼记》）

◎善待问者如撞钟，叩之以小者则小鸣，叩之以大者则大鸣，待其从容，然后尽其声。（《礼记》）

◎孔子教人，各因其材。（宋·朱熹）

成语

◎对症下药：比喻针对具体情况提出解决问题的办法。

◎量体裁衣：按照身材裁剪衣服。比喻根据不同的对象实施不同的方法。

◎因性施教：教育要注意两性心理发展所存在的客观差异。

◎有的放矢：比喻说话做事有明确的目的性和针对性。

◎教亦多术：教育的方法多种多样，不能局限于某一种方法。

◎对牛弹琴：比喻说话讲理不看对象。

第 2 课

愤启悱发：形成最佳的学习心理张力

愤启悱发是"不愤不启，不悱不发"的缩略语，是孔子启发式教育的经典名言。一般的理解是：不到学生对某个知识或问题急切地想知道却又弄不明白的时候，不到想表达又表达不出的时候，就难以点拨启发他，使其获得提高。语出《论语·述而》："不愤不启，不悱不发。举一隅不以三隅反，则不复也。"

孔子时代的教育潮流

中国教育史是以棍棒教育发端的，这从文字上可以得到证明。

汉字的"教"字，甲骨文作"敎"。右边是"攴"（与），像手持竹木条。左边下面是"子"，即小孩子。左边上面是"爻"，读"yáo"。这"子"上之"爻"，一说是"教"字的声符，兼表"效法"之意；另一说认为是两个叉重叠，表示小孩被鞭子抽打的印记。这样，"教"字的原始意义就是大人手持竹木条鞭打小孩，使其向学。"教"字是对中国古代棍棒式教育的形象描绘。《尚书》也有记载：舜帝曾在器物上刻画有五种常用的刑罚，其中就有"扑作教刑"（学校的惩罚方式是用木条打）。从殷商到西周，学在官府，其教育是棍棒式、灌输式教育。

春秋时期，学在四夷，私学兴起，教育开始有了些市场化的味道，教师纯粹靠棍棒无法教好学生，教学方式不得不变。由于资料有限，今天我们难以得知孔子之外其他私学的具体教学情形，但从一些零星的资料中，还是能想象出当时的教育情景和趋势。

老子的老师叫常枞。常枞病重，老子去探望，希望老师说几句临终嘱咐。气息奄奄的常枞并不直接嘱咐，而是张开嘴给老子看，问老子："看我的舌头还在吗？"老子说："当然在。"常枞又问："看我的牙齿还在吗？"老子说："您的牙齿早就没有了。"常枞说："你说这是为什么呢？"气息奄奄之际，常枞竟然用两个动作加三个追问来启发老子，让他明白柔弱胜刚强。

庄子曾经追记了几则孔子问道老子的故事。

比如，五十岁的孔子一直没有得道，便南下求教老子。见面后，老子却并不直接讲什么是道，而是给了他连续两问。

老子问："你是怎么求道的呢？"孔子说他从制度、逻辑等方面探求了五年，还是没弄明白。老子不说其他，接着再来一问："然后你又是怎样去探究的呢？"孔子说他又从阴阳变化的角度探求了十二年，还是未弄明白。这时老子才开始他的传道解惑。

这个案例，至少有这么几层意思。学习者是一个主动探求者，有强烈的求知欲；学习者一直探求而不得其解，处于强烈的困惑之中；老子将教学过程建立在对孔子的探求过程的了解之上，建立在孔子的困惑之上，是有的放矢的教学；老师用连续追问的方式了解学生的思维过程。

常枞与老子师徒都是循循善诱者。老子倡导"不言之教"，认为"我无为而民自化"。所谓"不言、无为"，不是什么话都不讲、什么事都不做，而是反对空洞说教，主张通过案例启发学生自己领悟，就像常枞启发老子。

如果再看看孔子之后的一个案例，则更可以看出私学发达之后春秋战国教育方式的发展趋势。孔子死后百年左右，中国教育史上发生了一件大事：田齐桓公（非春秋五霸的桓公）在齐国国都临淄创办了世界教育史上第一所由官方举办、私家学者主持的高等学府，即著名的稷下学宫。学校规模宏大，全盛期有师生近千人。教学上提倡自由辩论，以理服人，各个学派都可以通过公开讲学与辩论的方式，确立本派的学术地位，教师、游士甚至学生都可自由参加辩论。教学方式是"游学"方式，教学双方充分自由，学生可以自由寻师，老师可以招生讲学，学生可以随时请求加入，也可以随时告退。学生学无常师，从师不限于一个先生、一个学派，老师全凭讲学吸引学生。

由常枞到稷下学宫，可以看出孔子前后两百来年中国教育的发展趋势。孔子"愤启悱发"的教育思想就产生在这样的教育潮流之中。

"愤启悱发"的基本含义

"愤启悱发"语出《论语·述而》："不愤不启，不悱不发。"

这里的"愤"和"悱"都是一种憋闷的心理状态。

"愤"的本义是心中憋闷，有所郁结，所以汉语有"愤懑"一词。"悱"，是心中很想说但口中又说不出来的憋闷状况。古语有双音节词"悱恻"，就是忧思抑郁、心绪悲苦而不能排遣，即千般情思却无法言说。

　　孔子这里的"愤"，是从理解层面上说的，指有强烈的理解欲望，有努力的理解行为，却无法透彻理解的憋闷。"悱"是从表达层面说的，指有强烈的表达欲望，有努力的表达尝试，却没有理想表达效果的憋闷。简言之，"愤"是想不清，"悱"是说不出。

　　研究"愤悱"的古代读音，可以帮助我们想象这种憋闷的程度。"愤悱"这两个字今天的声母都是"f"。"f"是唇齿音，其发音是气流从唇齿间的窄缝挤出，好像比较轻松；但在古代，这两字的发音没有这么轻松。上古时代，没有"f"这个发音，今天的"f"这个发音在上古类似今天的"b""p""m"，是双唇紧闭，形成对气流的强烈阻碍，发音之前，气流处于郁结的憋闷状态，最后再冲破障碍，形成发音。"愤"字更能表现憋闷程度。"愤"是形声字，声符"贲"，兼表意功能。"贲"字除了"装饰"之意，还表示鲜花盛开的饱满状态。《尚书》有"贲如草木"，"贲"的意思就是盛开。所以"愤"以此为声符，就有了"盛、满"的意思，汉语有"愤盈""愤盛"之类的词；"愤怒"或解释为"盛怒"，或解释为"怒气充盈"；"愤懑"则是情绪长时间郁结得不到释放，欲望长时间持有而得不到实现所导致的结果。

　　这样，孔子所说的"愤悱"状态，就是学生对某个知识或问题产生了浓厚的兴趣并一直努力尝试去掌握或解决，但又因自身知识、能力的限制而无法掌握或解决，从而处在一种既有积极的欲望，又有不断尝试的行为，却无法达到理想结果的既憋闷又亢奋的心理状态。

　　学者们对孔子这句话中的"启"和"发"的理解有些分歧。汉代经学家郑玄认为指老师的启发和解说。他认为"不愤不启，不悱不发"，就是指老师要选择学生愤悱的时机进行启发、教授，否则就不要去启发点拨他。朱熹则说："启，谓开其意；发，谓达其辞。"这样，既可以把"启""发"理解成老师启发，也可理解成使动用法的"使其开，使其达"。按照后一种理解，"不愤不启""不悱不发"的意思就是：如果学生没有进入"愤悱"状态，就无法打开其求知的心理通道，使其心理开化发展，就无法使其言辞畅达，提高他的表达能力。

其实，朱、郑的理解各有价值。按照郑玄的理解，这是一般意义的启发式教育方式，面对的是知识的教学。按照朱熹的理解，这不仅是一种方法，更是一种教育思想，是基于学生心智结构发展的理解，强调教育要努力使学生处于一种思维的亢奋状态。

孔子启发式教育的核心

在朱熹之前，还有两段话，可以帮助我们理解孔子的意思。

《孟子·公孙丑》中有这样一个故事：

一次，公孙丑对孟子说："孟老先生您说的'道'有点高不可攀，可不可以让它变得容易一点呢？"孟子回答说："大匠不为拙工改废绳墨，羿不为拙射变其彀（gòu，弓）率。君子引而不发，跃如也。"意思是说，高明的工匠和射手都不会降低标准，高明的教师也不会太迁就学生。教师应该做的就是"引而不发"，就像射手，拉开弓却不发射，使其"蓄势待发"，从而激发学生跃跃欲试的愿望。

这种"跃如"之态，就是孔子的"愤悱"状态。"引而不发，跃如也"，是对孔子"不愤不启、不悱不发"的形象表述。孟子为什么不降低标准？是要让学生跳起来摘苹果，要让学习内容与学生之间形成一种"势差"。为什么要引而不发？就是要激发学生摘苹果的欲望。

《学记》有一段名言："故君子之教，喻也。道而弗牵，强而弗抑，开而弗达。道而弗牵则和，强而弗抑则易，开而弗达则思，和易以思，可谓善喻矣。"大意是：君子教人善于启发，适当引导却不牵制学生，激励学生却不过分施压，挑起欲望却不和盘托出。教师适当引导，学生主动学习，才能摆正教与学的关系，才是和谐的；学生既有目标，有内驱力，又不感到压抑，才会充满求知欲，感受到学习的乐趣；挑起欲望却不和盘托出，学生才愿意思考，才有机会独立思考。处理好了教与学的矛盾，学生感受到了学习的快乐，并始终处于主动积极的思考状态，这才是引导学生学习的根本。

《学记》成书于《孟子》之后，据郭沫若考证，很可能是孟子弟子乐正克所作。书中这段话应该是对孔子"不愤不启，不悱不发"和孟子"引而不发，跃如也"的启发式教育思想的阐发。

"道而弗牵"，是对教学主体的确认。教学需要老师的引导，但学习的主体始终是学生。一方面，要引导学生进入"愤悱"状态，让学生人在、心在。注意力在场，思维在场，教学行为才能产生实质性效果。另一方面，当学生思维在场时，老师不能牵制学生，应该多让学生自主思考，自主探究，自主表达。

"强而弗抑"，是强调对学生求知欲的激发与保护。孔子所谓的"愤悱"状态，就是既产生了强烈的求知欲又一直保持着强烈求知欲的亢奋状态。在《学记》中，"强"是激发其求知欲，"弗抑"，是努力保护其求知欲，不挫伤其积极性，从而使其始终保持心理在场的"愤悱"状态。

"开而弗达"，则是在方法上指出怎样让学生进入并保持"愤悱"状态。"不愤不启""不悱不发"，如果只是指老师择机启发，则老师太过被动，如果学生始终进入不了"愤悱"状态，教学岂不无法继续进行？正确的做法是，老师要积极创造机会使学生进入并保持"愤悱"状态，而不是消极等待。"开而弗达"的"开"，是开启的意思，强调的是挑起学生的欲望，制造问题的情景，将学生抛入问题场景，让学生产生困惑，将教学置于学生的困惑之上，或者说，以学生的困惑作为教学的逻辑起点。"弗达"，就是挑起其困惑，又不急着告诉其结论，挑起其强烈欲望，又不使其欲望立刻得到满足，从而使其始终保持心理在场、思维亢奋的状态。

孔子"愤启悱发"的教育实践

孔子收徒的唯一条件是"自行束脩",即送"十条肉干"作为敬师礼物。古人说,"束脩,礼之薄者"。十条干肉,并不太贵,大部分人都交得起。但"有教无类"的孔子却特别在乎这十束肉干,因为这是"礼",正是这拜师礼,既表明了也强化了学生的一个意识:是"我要学",而不是"要我学"。

孔子十分重视学生学习的主动性,尤其重视将学生导入"愤悱"状态。

他说:"不曰'如之何,如之何'者,吾末如之何也已矣。"你没有进入这种连续叩问的"愤悱",我也拿你没办法。所以孔子教学的主要方式是生问师答,而不同于苏格拉底的师问生答。《论语》一书,师生问答八十六次,弟子发起问题六十五次,占三分之二强。

重视学生的疑问是孔子愤启悱发教育观的灵魂,也是中国古代教育的传统,后来朱熹、张载等人受其影响,直接提出"学贵有疑","大疑则大悟,小疑则小悟,不疑则不悟","于不疑处有疑,方是进矣","为学患无疑,疑则有进"。

孔子将教学过程视为"生疑—探疑—释疑"的探"疑"过程,更将学生的"疑问"即学生的困惑状态视为教学过程的逻辑起点。按照现代学习理论,学习过程是学习者自身知识结构的重组过程,但人的固有知识结构是一个稳态结构,很难改变,很难重组,怎么打破旧有知识结构的平衡,或者说打破旧知识结构的最佳时机是什么?在孔子看来,就是学生的"愤悱"状态,"愤悱"状态是学生知识结构最柔软之时,教学要乘虚而入,乘"愤悱"而入,才会令其醍醐灌顶、恍然大悟、豁然开朗、茅塞顿开。

孔子的高明不仅在于他明确主张以学生的困惑为教学的逻辑起点,更在于他善于将学生抛入问题场景,制造问题情境,让学生主动生出疑惑,进入"愤悱"状态。

一次，子夏要孔子评论其他弟子。子夏先问颜回怎么样。孔子说："颜回比我诚信。"接着问子贡。孔子说："子贡比我聪敏。"再问子路。孔子说："子路比我勇敢。"最后问子张。孔子说："子张比我庄重。"

　　一连串的回答，简单而干脆。孔子在这里成功制造了一个问题情境，逼着学生思考："既然他们都比你强，为什么却都拜你为师？"果然，子夏就提出了这样的困惑。于是，孔子基于子夏的困惑，开启了他的"中和观"教育："颜回诚信却不灵活，子贡聪明却受不了委屈，子路勇敢却不能示弱，子张庄重却不随和。四人的长处加起来和我交换，我都不愿意。"他教育学生做人要"信而能反，敏而能诎，勇而能怯，庄而能同"。

　　另一个例子是子夏和闵子骞守丧三年完毕，都来拜见老师，按照礼制，服丧除服之日要弹奏乐曲，表示服丧结束，以此节制哀痛。先是子夏进来，孔子让他弹奏一曲，子夏的乐声很和乐。弹奏完，子夏说："这是先王礼制，不能不遵守。"孔子说："你真是君子。"然后闵子骞进来，孔子也让他弹奏一曲，闵子骞的乐声却很悲切。弹完，闵子骞说："这是先王礼制，不敢不遵守。"这时孔子也说："你真是君子。"

　　这里，他同样制造了一个困惑场景。果然，一旁的子贡很快进入"愤悱"状态："两人都是守丧除服，闵子骞的乐声悲切，他还沉浸在悲伤之中；而子夏的乐声和乐，说明已不再悲伤。两人感情表现相反，您却说他们都是君子，这是为何？"此时，孔子基于子贡的困惑，开启了他的"礼"的教育："闵子骞虽没忘记哀伤，却能用礼仪来终止哀伤；子夏已走出哀伤，却仍然能按礼仪行事。不都是有君子之风吗？"

　　还有一次，孔子在家闲居，曾参随侍左右。孔子说："曾参，当今身居高位者，很难听到真正的治国之道。我若将这些说给他们听，他们足不出户就能治理好国家了。"这是"开"，是挑起曾参的问题欲望。果然，曾参立即发问："什么才是真正的治国之道呢？"孔子却不立即回答，曾参看到老师久不吱声，便又说："您平时太忙，所以我今天斗胆向您请教这个问题。"可孔子还是不吱声。曾参只好退下去站在旁边冥思苦想。过了很久，孔子才慢慢说："来，曾参，我告诉你什么是古代明君的治国之道吧。"

如果说，孔子教子夏"中和"，教子贡"礼"，是"开"启学生的"愤悱"状态，那么教曾参治国之道，则是"开而弗达"，先吊起你的求知胃口，进入困惑情景，却不解答，逼着你自己去思考，给你足够的"愤悱"时间。因为孔子认为："学而不思则罔，思而不学则殆。"而这"思"，不是一般的"思"，而是"愤悱"之"思"。

所以，孔子的"愤启悱发"就是告诉我们，学生始终是学习的主体。要充分重视使学生保持学习的心理张力：要引发其求知欲，使其处于主动求知状态；要善于将学生带入问题情景，引发其困惑，打破其原有知识结构的稳定状态；要给学生尝试的时间与空间，引导其主动尝试，让其始终处于探索状态，这样才能使其形成憋闷而亢奋的心理状态，形成问题郁积、急欲求解而不可得的心理临界点，从而形成最佳的学习心理张力。而当学生形成最佳心理张力时，教师要适时介入。介入的方式，在孔子，可能更多的是传授，在朱熹，可能更多的是点拨。

如果将孔子的启发式教育与苏格拉底的"产婆术"式教育做比较的话，则会发现，两人都以对话、问答为主，但在苏格拉底那里，老师是"导而且牵"，教师对学生不停追问、强势诱导，始终给学生一种思维的压迫感，学生基本是被动的。在孔子这里，老师是"道而弗牵"，是学生问教师，学生是主体，更主动，如果学生不主动的话，教师会创设情境让学生产生疑惑，主动探索，然后再做一种弱势的点拨。也许，孔子的方式正是当今乃至未来世界教育发展的趋势。

撷 英 掇 华

《原典》

公孙丑①曰："道则高矣，美矣，宜若登天然，似不可及也；何不使彼为可几及②而日孳孳③也?"

孟子曰："大匠不为拙工改废绳墨④，羿不为拙射变其彀率⑤。君子引而不发，跃如⑥也。中道而立，能者从之。"（《孟子·尽心上》）

①公孙丑：孟子弟子，曾与万章等著《孟子》一书。②几（jī）及：差不多可以达到。几：接近，差不多。③孳孳（zī）：勤勉。④绳墨：木工取直用的工具。⑤彀（gòu）率：弓张开的程度。彀：张满弓。⑥跃如：跃跃欲试的样子。

文本大意 公孙丑说："您的道是很高很美啊，但要学到它，像登天那样，似乎不可能达到。为什么不让它变得有希望达到从而使人每天不懈地追求它呢？"

孟子说："高明的木匠不会因为笨拙的徒工而改变、废弃绳墨，后羿不会因为笨拙的射手而改变拉弓的标准。君子教导别人，正如教人射箭，拉满了弓却不射出箭，只是蓄势待发，跃跃欲试。君子站立在道的中间，有能力的人便会跟从他学习。"

故君子之教，喻①也。道②而弗牵，强③而弗抑，开④而弗达。道而弗牵则和⑤，强而弗抑则易，开而弗达则思，和易以思，可谓善喻矣……善学者，师逸⑥而功倍，又从而庸⑦之。不善学者，师勤而功半，又从而怨之。善问者如攻坚木，先其易者，后其节目⑧，及其久也，相说⑨以解。不善问者反此。善待问者如撞钟，叩之以小者则小鸣，叩之以大者则大鸣，待其从容，然后尽其声。不善答问者反此。此皆进学之道也。记问之学，不足以为人师，必也其听语乎！力不能问，然后语之，语之而不知，虽舍之可也。（《礼记·学记》）

①喻：此指启发诱导。②道：同"导"。③强：劝勉、激励。④开：发端，挑起。⑤和：指教与学关系和谐。⑥逸：闲逸，轻松。⑦庸：归功。⑧节目：树木枝干交接之处为"节"，树木纹理纠结不顺之处为"目"。⑨说：通"悦"。

文本大意 君子教人善于启发。引导却不牵制，激励却不过分施压，挑起欲望却不和盘托出。教师适当引导，学生主动学习，教与学的关系才和谐；学生既有目标又有内驱力，没有压抑感，才会感受到学习的乐趣；挑起欲望却不和盘托出，学生才会愿意并有机会思考。处理好了教与学的矛盾，学生感受到了学习的快乐，并始终处于主动积极的思考状态，这才是引导学生学习的根本……善于学习的人，老师很轻松，教学效果事半功倍，学生还会将学习成就归功于老师。不善于学习的人，老师很勤苦而学生的学习效果却不好，还埋怨老师教导无方。善于提问题的人，就像砍伐坚硬的木头，先从纹理较顺的部位着手，再砍坚硬的节

中国智慧
写给中学生的18堂国学文艺课

疤，功夫到了，问题就可以轻松解决。不善于提问题的人恰恰相反。善于对待学生提问的老师，就如同撞钟，敲得轻声音就小，敲得重钟声就大，然后让学生从容回味其悠扬的余音。不善于回答问题的人恰巧相反。这些都是增进学问的方法。只记住一些别人现成的学问，是没资格做教师的。一定要根据学生的问题加以解答。学生提不出新的问题，才给学生讲解；老师指点后学生仍不明白，只好暂时放弃指导，以待将来。

名言

◎匪（非）我求童蒙，童蒙求我。（《周易》）

◎是以圣人处无为之事，行不言之教。（春秋·老子）

◎不愤不启，不悱不发。举一隅不以三隅反，则不复也。（春秋·孔子）

◎不曰"如之何，如之何"者，吾末如之何也已矣。（春秋·孔子）

◎学而不思则罔，思而不学则殆。（春秋·孔子）

◎为仁由己，而由人乎哉？（春秋·孔子）

◎故君子之教，喻也。道而弗牵，强而弗抑，开而弗达。（《学记》）

◎君子引而不发，跃如也。（战国·孟子）

◎君子深造之以道，欲其自得之也。（战国·孟子）

◎于不疑处有疑，方是进矣。（宋·张载）

◎鸳鸯绣出从君看，不把金针度与人。（宋·释师观）

◎读书无疑者，须教有疑，有疑者，却要无疑，到这里方是长进。（宋·朱熹）

◎大疑则大悟，小疑则小悟，不疑则不悟。（宋·朱熹）

◎非学无以致疑，非问无以广识；好学而不勤问，非真能好学者也。（清·刘开）

成语

◎学贵有疑：学习态度贵在多质疑。

◎执经问难：手捧经书，质疑问难。

◎好问决疑：勤于向别人请教，以解决疑难问题。

◎切磋琢磨：比喻学习或研究问题时彼此商讨，互相吸取长处，改正缺点。

◎知而好问：聪明并且喜欢向别人请教，然后才能成为有才能的人。

◎好问则裕：遇到疑难就向别人请教，学识就会渊博精深。

第 3 课

教学相长：既是教学原则也是学习规律

教学相长，又作"敎学相长"。语出《礼记·学记》："是故学然后知不足，教然后知困。知不足，然后能自反也。知困，然后能自强也。故曰：教学相长也。"意思是理论学习与实践性、仿效性学习是两种不可替代的学习方式，两者互相影响，促进学习者心智的发展；也指"教"与"学"是相互影响、互相促进的对立统一关系；还指教师的专业发展既依赖于自身的不断学习，也依赖于自身不断的教育探索与实践。

对"教学相长"，历史上有不同的理解。歧义的关键在于谁"教"谁"学"，或者说"教"与"学"的主体分别是谁。一种理解是"教"指老师的"教"，"学"指学生的"学"，从而将"教学相长"理解为"教"与"学"的关系原则；一种理解是"教与学"是教师自己的"教"与教师自己的"学"，从而将"教学相长"理解为教师发展原则；还一种理解是"教"是学生的仿效，"学"是学生的学习，即将"教"与"学"理解成两种不同的学习方式，从而将"教学相长"理解为学习的规律。

三种理解都是可以的，都有其价值。

且让我们一一道来。

"教学相长"指"教"与"学"的关系

首先，"教学相长"揭示了古代"教"与"学"互相促进的教学关系。

到春秋时期，中国教育已从西周官学的棍棒教育逐渐走向师道尊严与师生平等两者并重。到孔子时代，师生教与学之间呈现出一种互相尊重、相互促进的"教学相长"的关系。

在孔子那里，我们至少可以看到孔门师生的四种关系：

第一种是孔子与颜回之间相互推崇的关系。

颜回是孔子最得意的学生，颜回对孔子自然是十分崇拜的。成语"仰之弥高，钻之弥坚"就是颜回仰慕孔子的话："仰之弥高，钻之弥坚，瞻之在前，忽焉在后。夫子循循然善诱人，博我以文，约我以礼。欲罢不能，既竭吾才，如有所立卓尔。虽欲从之，末由也已。"这是学生崇拜老师。

而孔子对于颜回，其喜爱之情溢于言表。孔子曾由衷赞叹："贤哉回也！一箪食，一瓢饮，在陋巷，人不堪其忧，回也不改其乐。贤哉回也！"一次，孔子与子贡谈起颜回。他问子贡："你和颜回比，哪个更强？"子贡说："我怎么敢和颜回比呢，他能闻一知十，我顶多是闻一知二。"这时孔子说："弗如也。吾与汝弗如也。"连续两个"弗如也"，连孔子自己也"弗如也"。孔子被围于陈蔡，七天没见到粮食。子路想方设法得到一点米，让颜回做饭。子路远远望见颜回正从锅里掏饭吃，以为颜回太饥饿，在偷食饭团，便去问孔子："仁者会不会在穷困中改变自己的节操？"孔子说，既然改变了节操，怎么还能称其为仁呢？意思是真正的仁者当然不会改节。这时子路才问出正题："像颜回，会不会改节呢？"孔子断然回答："不会！"子路便将所见告诉孔子。孔子找来颜回试探着了解情况，原来是灰尘掉进饭里，颜回将带有灰尘的饭粒拣出来，觉得丢掉浪费了，不丢掉又不干净，不能用于祭祀，便吃掉了。孔子便说："如果是我，也会将它吃掉。"还说："吾之信回也，非待今日也。"

由此可见他们师生之间的互相推崇。不过，这种互相推崇的师生关系倒不是孔子所十分期待的。孔子曾说："回也，非助我者也。于吾言无所不说。"他认为颜回太崇拜他，对他没有什么帮助。他甚至批评颜回"不违如愚"。他更期待的是互有帮助的师生关系。他与子夏、曾皙，尤其是与子路的关系，便是此类关系。

第二种是孔子与子夏之间在学问上互相启发的关系。

一次，子夏问孔子该怎么理解《诗经》中的"巧笑倩兮，美目盼兮"，孔子以"绘事后素"四字回答。子夏说，这是不是表明"礼"在"仁德"之后呢？孔子高兴地说："起予者商也，始可以言《诗》已矣。"就是说："能给我启发的是卜商（即子夏）啊，从今后可以和他讨论《诗经》了。"

这是一种在思维和学术上能互相启发的师生关系。

第三种是孔子与曾皙之间在人生理想上互相唤醒的关系。

《论语》中有著名的《侍坐》篇，孔子要一众侍坐的弟子谈谈自己的人生理想。子路、冉有、公西华分别谈了自己的理想，孔子一一评点，最后剩下曾皙了，当时曾皙在一旁弹瑟，孔子便问："点（曾皙），尔何如？"这时，曾皙先是让琴瑟之声缓慢下来，最后铿的一声结束弹奏，慢慢放下琴，站起来从容答道："我和他们的理想不同。"孔子说："无妨啊，说说看吧。"曾皙说："我的理想是暮春时节，春服刚成，同五六个青年，六七个少年，在沂水里游游泳，在舞雩（yú）台上吹吹风，然后沐着春风，踏歌而归。"

曾皙的描绘给孔子内心以强烈的震撼，那种天下大同的景象，那种艺术化、审美化的生活情景，让孔子心有戚戚焉。孔子不由赞叹："吾与点也。"他太赞成曾皙了。

第四种是孔子与子路师生间在行为上互相提醒的关系。

孔子众弟子中，唯有子路敢向孔子提出质疑，敢在孔子面前表现出不高兴，敢发脾气，也正是在子路面前，孔子充分表现出了其非常可爱的一面。

子路敢于质疑孔子，而孔子也并不因子路的质疑而生气。

孔子被围于陈蔡，陷入困境，绝粮七日，学生大多病倒，孔子一方面仍然弦歌不绝，另一方面也招来弟子问："我们为什么会陷入这样的困境呢？"他首先招来的就是子路，子路一脸怨气地说："真正的君子是不会陷入困境的，大概是您的仁德还没达到应有的境界吧，所以人家不信任我们；或者是您的智慧还没达到应有境界吧，所以人家不愿推行我们的主张。您曾说：'行善事老天会降福，做坏事老天会降祸。'现在您积德怀仁，推行您的主张很久了，怎么处境还会如此艰难呢？"至此，子路甚至怀疑起孔子的主张了。

卫灵公的夫人南子风流放荡，名声不好。一次卫灵公说他的夫人想见孔子。孔子作为一个道德圣人当然不愿见一个以淫荡闻名的夫人，但又碍于礼节，不得已去拜见。这时子路就很不高兴，孔子只得发誓道："予所否者，天厌之，天厌之！（如果我有不良想法的话，老天爷会惩罚我，老天爷会惩罚我。）"连续两句"天厌之"，可以想象孔子当时的窘态。

一次，子路问孔子，如果卫国国君让孔子主政，首先做的是什么？孔子说，首先就要"正名"。子路便说他太迂腐，孔子便骂道："野哉由也！（你小子太无礼了！）"

这对互怼的师生却情同父子，子路一生忠心护卫孔子，孔子也说："吾自有由，而恶言不入于耳。"

子路在卫国的内乱中死去，孔子得到消息，在中庭痛哭。有人来吊丧，孔子以主人的身份回拜，心情稍微平复之后，招待使者，并询问具体情形。使者说，子路已经被剁成肉酱了，孔子便命人倒掉准备食用的肉酱。

在孔子那里，并非只有师道尊严，更多的是师生之间的互敬互爱，是师生之间的取长补短，是师生之间的互相促进。孔子最善于发现弟子的长处，也善于发现他们的不足，他可以学习弟子的长处，更善于弥补他们的不足。他发现颜回诚信却不灵活，子贡聪明却受不了委屈，子路勇敢却不能示弱，子张庄重却不随和。他敬他们的长处，又帮助他们补齐短板，这不仅造就了一批大儒，也成就了自己的至圣品格，很好地诠释了"教学相长"的第一层含义：教与学之间是一种相互制约、相互渗透、相互促进的既矛盾而又统一的关系。

教学相长是一种学习规律

其实，"教学相长"的原意，可能更侧重于揭示学习规律。

这种理解与上述理解的分歧有两点，一是对"教"字的含义理解不同，二是对《学记》所引《兑命》的"学学半"的理解有别。

我们不妨看看《学记》原文：

虽有嘉肴，弗食，不知其旨也；虽有至道，弗学，不知其善也。

是故学然后知不足，教然后知困。知不足，然后能自反也。知困，然后能自强也。故曰：教学相长也。《兑命》曰："学学半。"其此之谓乎？

看这段文字，先要弄清"《兑命》曰'学学半'"这几个字。《兑命》是《尚书》中《商书》的一篇，篇中记录了当时的贤相傅说的一段话。"学学半"在《兑命》原文中作"斅学半"。其中的"斅"，有"xiào"和"xué"两个读音。读"xiào"，是效法、学习的意思；读"xué"就是今天"学"的意思，《说文解字》说篆书将"斅"简写作"学"。后来"斅"又通"教"。这样，"斅"字就有了三重意思：一是"效法"，二是一般意义上的"学习"，三是"教"。所以，后来人们引用《兑命》的"斅学半"时，或写成"斅学半"，或写成"学学半"，甚至写成"教学半"，而"教学半"几乎成了"斅学半"最流行的解释。

那么傅说这段话中的"斅学半"到底是不是"教学半"呢？原文的语言脉络是这样的：傅说说，要想建功立业，就要增强知识，努力学习。关于学习，他强调一是"学习古训"，二是"师法古事"，他甚至认为，不师法古事而能长治久安的，闻所未闻。然后他说，学习态度要谦逊，要坚持，然后说："惟斅学半。"并说如果始终将心思放在学习上，品德修养就会不知不觉地得到提升。从这段话的上下文看，语境中没有半点"教"的意思，全都是在谈"学"，而且他谈到了两种"学"，一种是"学习古训"，一种是"效法古事"，前者是今天所谓的书本学习、理论学习，后者大致相当于今天所谓的"在实践中仿效、学习"。在他看来，这两种学习都非常重要，不可替代，所以，"斅学半"。

这种"斅学半"，就是后来孔子的"学而时习之"。"习"就是小鸟反复试飞，反复尝试，反复实践，但这种实践是一种尝试性实践，是一种学习性实践，实际上还是一种"效"。后来佛家学习经书时有一种"复讲"形式，就是先听老师讲经，然后学生凭记忆和理解按照老师讲述的内容复讲给同学听，并由同学提出批评意见。这种"复讲"就是"斅"，有些"教"的因素，但不是真正的"教"，更多的是"斅"，是"效法"老师的讲，不是一种"教"的行为，而是一种学习行为，是对知识的巩固与消化。朱熹也把孔子的"学而时习之"的"学"解释为"效"。

另外，上古时代的"教"字，本身就有浓厚的"效"的意思，《说文解字》对"教"的解释就是"上所施，下所效也"。换言之，"教"，对于学生而言，就是"效"。

因而，"教学半"，实际上也就是"敩学半"，就是在整个学习过程中，效法式的学习方式与看书或听讲式的学习方式各占一半。

我们再来看《学记》。《学记》中的"教学相长"同样更有可能是"效"与"学"互相促进，即效法式的学习方式与看书或听讲式学习方式互相促进。

其一，《学记》这段话全是在强调学习的重要性，并没有涉及教师的自身发展问题，突然来一个教师的"教"，非常突兀。

其二，开头的"虽有嘉肴，弗食，不知其旨也"，并非只是引出"虽有至道，弗学，不知其善也"的类比，实际上"食"还含有亲自品尝、尝试的意思。所以紧接着便是"学然后知不足，教（敩）然后知困"，而"教（敩）"便是亲自尝试的一种学习方式。

其三，"听"和"看"这一类学习方法是无法检验自己的学习效果的，只有"效法"，仿效所学，尝试一下，才会发现自己是否真正学会了，如果没学会，便会陷入"困窘"。

其四，在古人看来，既然"教"是"上所施下所效"，那么还可以理解为"见贤思齐"之类的效法，就是《兑命》中傅说所说的"效法古事"。

其五，《学记》这段话在最后引用《兑命》时，甚至没有用"敩学半"，而是用"学学半"。如果说"敩"还可以解释为今天的教他人的"教"，则"学"就无法解释为今天教他人的"教"，而只能解释为"上所施下所效"的"效"。

所以，这段话的"教学相长"也就可以理解为"听"与"看"之类的接受式学习与"仿效"之类的尝试型学习，即理论学习、向书本学习与尝试性实践、仿效性实践等是互相促进的，正像陆游说的那样："纸上得来终觉浅，绝知此事要躬行。"明代王廷相说得更明白："讲得一事，即行一事，行得一事，即知一事，所谓真知矣。徒讲而不行，则遇事终有眩惑。"或者如清代颜元所说："心中醒，口中说，纸上作，不从身上习过，皆无用也。"

这个层面的"教学相长"，颇有点知行合一的味道。

当然，还可以把教学相长理解为教师的自我发展，就是教师自己的教学实践与自己的学习之间可以互相促进。所谓"教然后知困"，指教师在教学过程中更能发现自我的不足，从而促使自己更深入地学习与提高。这种理解与上一节的理解是一致的，都是实践性学习与书本、理论学习可以互相促进，只是将主体由学生变成了老师，因为老师本身也是学习者。

这里，我们只是企图还原经典的原意。其实在历史的发展长河中，由于历代学者的发挥，"教学相长"这一教学理念已经有了丰富的含义，至少具有了三重价值：

第一重价值，它告诉我们一个重要的学习原则：学习者的理论学习与实践性、仿效性学习是两种不可替代的学习方式，两者互相影响，促进学习者心智的发展。

第二重价值，教学相长也揭示了和谐互助的师生关系、教与学的关系原则：教与学应是相互影响、互相促进的对立统一关系。

第三重价值，教学相长还揭示了教师自身专业发展的原则：教师的专业发展既依赖于自身的不断学习，也依赖于自身不断的教育探索与实践，良师必须是学者，学者也应是良师。

这里可能有经典误读的情况，但这种误读，应该是美丽的误读。从还原古籍原貌的角度说，自然要追寻其本来的意义，但从文化的发展来说，经典的误读其实也是有其价值的。《韩非子》中有则"举烛尚明"的寓言，就说明了美丽的误读的价值。这则寓言说的是一个楚国人一天晚上给燕国的相国写信，但写信时光线太暗，便吩咐下人将蜡烛举高一点，口中说着"举烛"，不小心随手在信上将这"举烛"二字写了进去。其实，"举烛"二字与信的内容没有任何关系。燕国的相国收到这封信，读到不相干的"举烛"二字，却做了这样的解释，他说，"举烛"就是"尚明"（要崇尚光明），既然要"尚明"，就是告诉我燕国人要崇尚贤明，选拔贤才。燕国的相国将这个意思解释给国君，国君觉得有理，便实施崇尚贤明的政策，国家因此得到了很好的治理。这是一个美丽的误读。

也许正是因为这种误读，在我国文化教育的发展中，"教学相长"有了三重解读，而这三重解读，对教育都具有十分重要的意义。正是这种误读，丰富了经典的含义，丰富了传统教育思想的宝库。

或者也不叫误读，而是体现了一种经典的思想载体的功能。经典固然有其自身的原意，但在历史长河中，不同时代的哲人将自己对人生、文化等的思考注入经典之中，借经典传播自己新的认知。宋代陆九渊说："我注六经，六经注我。""我注六经"，就是多方印证，寻找经典的原意；"六经注我"，则是借题发挥，借六经来阐释自己的思想。为什么历史越发展，经典的内涵越丰富，丰富到甚至已经远远超出其原始意义？原因就在于经典是具有极强负载功能的思想载体，它能让不同时代的相关智慧搭上顺风车！

 撷 英 掇 华

《 原典 》

《学记》① 谈教学相长

玉不琢，不成器；人不学，不知道。是故古之王者建国君民，教学为先。《兑命》②曰："念终始，典于学。"其此之谓③乎！

虽有嘉肴④，弗食，不知其旨⑤也；虽有至⑥道，弗学，不知其善也。是故学然后知不足，教然后知困。知不足，然后能自反⑦也。知困，然后能自强也。故曰：教学相长⑧也。《兑命》曰："学学半⑨。"其此之谓乎？

古之教者，家有塾，党有庠，术⑩有序，国有学。比⑪年入学，中年⑫考校。一年视离经辨志⑬，三年视敬业乐群，五年视博习亲师，七年视论学取友，谓之小成；九年知类通达，强立而不反⑭，谓之大成。夫然后足以化民易俗，近者说⑮服，而远者怀之，此大学之道也。《记》⑯曰："蛾子时术之⑰。"其此之谓乎！

①《学记》：《礼记》中的一篇。②《兑命》：即《说命》，古文《尚书》中的一篇，是殷商王武丁任命贤臣傅说为相的命辞，分上中下三篇。③其：大概。此之谓："谓此"的倒装。④嘉肴：即佳肴。⑤旨：美味。⑥至：最好的，最善的。⑦自反：反躬自问，自我反省。⑧相长：互相促进。⑨学学半：语出《兑命》："惟敩学半"。敩（xiào）：教导，效法。⑩术：古代行政建制，一般认为，百家组成一个"里"，五里组成一个"党"，十里组成一个"术"。⑪比：及，等到。⑫中年：来年。⑬离经：断句分段。辨志：明白其心意。⑭强立而不反：立场坚定，不受迷惑。⑮说：通"悦"。⑯《记》：指古代的某本书。⑰蛾子时术之：蛾，同"蚁"；蛾子，即幼蚁。时：时时，总是。术：路径，此处为动词"遵循路径"。

文本大意 璞玉不经雕琢，就不能变成贵重的玉器；人不学习，就不会明白人伦至道。所以古代帝王建立国家、统治人民，要把兴办教育放在首位。《尚书·兑命》中说："自始至终要经常想着学习先王正典。"就是这个意思吧。

即使有美味的菜肴，不去亲自品尝，就不知道它的甘美。即使有最好的道理，不去学习，就不知道它的好处。所以学习之后才知道自己的不足，教人或尝试仿效之后才知道自己理解不到位。知道了自己的不足，然后才能自我反省；知道了自己理解不到位，然后才能勉励自己。所以说：效法性尝试性学习与书本学习是相互促进的。《尚书·兑命》里说："效法性尝试性学习与书本学习各占一半。"大概说的就是这个道理吧。

古代设学施教，每一"里"设有学校，叫"塾"，每一"党"设有学校，叫"庠"，每一"术"设有学校，叫"序"，在天子或诸侯的国都设有大学。

学生到了规定的年龄都可入学，来年考查一次学业品行。第一年考查学生离析经文义理的能力和志向；第三年考查是否专心学习、同窗友爱；第五年考查是否广学博览，亲敬师长；第七年考查学术见解和择友眼光，合格就叫"小成"。第九年考查是否能触类旁通，渊博通达，临事不惑，合格就叫"大成"。这样才可以去教化臣民，移风易俗，使亲近者心悦诚服，使疏远者归附。这就是大学教育的目标。古书说"幼蚁总是追随大蚂蚁并按其引导的路径走"，就是这个意思吧。

◎ 名言 ◎

◎起予者商也，始可以言《诗》已矣。（春秋·孔子）

◎仰之弥高，钻之弥坚，瞻之在前，忽焉在后。夫子循循然善诱人，博我以文，约我以礼。欲罢不能，既竭吾才，如有所立卓尔。虽欲从之，末由也已。（春秋·颜渊）

◎故不登高山，不知天之高也；不临深溪，不知地之厚也。（战国·荀子）

◎是故学然后知不足，教然后知困。知不足，然后能自反也。（《学记》）

◎耳闻之不如目见之，目见之不如足践之，足践之不如手辨之。（汉·刘向）

◎师者，所以传道、受（授）业、解惑也。……弟子不必不如师，师不必贤于弟子。闻道有先后，术业有专攻，如是而已。（唐·韩愈）

◎纸上得来终觉浅，绝知此事要躬行。（宋·陆游）

◎天下之事，闻者不如见者知之为详，见者不如居者知之为尽。（宋·陆游）

◎凡攻我之失者，皆我师也。（明·王阳明）

◎讲得一事，即行一事，行得一事，即知一事，所谓真知矣。徒讲而不行，则遇事终有眩惑。（明·王廷相）

◎心中醒，口中说，纸上作，不从身上习过，皆无用也。（清·颜元）

◎ 成语 ◎

◎亦师亦友：既是老师，又是朋友。

◎良师益友：使人得到教益和帮助的好老师和好朋友，指和自己亦师亦友之人。

◎能者为师：会的人就当老师，即谁会就向谁学习。

◎不教之教：不以直接的教育方式而进行的教育，亦指在日常言行中自然进行的熏陶。

◎学而时习：学过的内容要经常或者及时练习、实践。

◎力学笃行：勤勉学习且确切实践所学。

第 4 课

经学传统：尊古自闭，治世治心；
通经致用，旧瓶新酒

经学传统，指中国古代以儒家经典为实践法则，以经典阐释为基本行为，以通经致用为基本倾向的学术方式。

"经"与"经学"

在中国文化里，经学传统中所谓的"经"，不是指一般的"经典"，而是特指汉代开始由朝廷法定的以孔子为代表的儒家学者所编写的书籍。

"经"的本义指织布的"纵线"，后来指串订书册的线，进而代指书籍，先秦时泛指一般意义的经典，并非单指儒家经典。

《墨子》一书有《经上》《经下》《经说上》《经说下》四篇，合称《墨经》。《庄子·天下》说墨子的徒子徒孙都读《墨经》。《荀子》有"道经"之说。当时孔子编的书也曾被称作"经"。《庄子·天道》提到，孔子想将自己编的一些图书藏到周王室的国家图书馆，便去请辞职在家的原国家图书馆管理员老子帮忙，老子不答应，孔子便引述《书》《诗》《礼》《乐》《易》《春秋》"六经"来说明。庄子原文是这么写的："往见老聃，而老聃不许，于是翻六经以说。"《孟子》一书还没出现"经"之一说，他称经典为"典"，如"尧典"，他似乎也还没有将孔子的上述《书》《诗》《礼》《乐》《易》《春秋》全都视作经典，他甚至说，"尽信《书》不如无《书》"，这里的《书》就是《尚书》。

秦始皇焚书坑儒，将民间收藏的典籍付之一炬，把官方收藏的典籍全部集中到咸阳。后来项羽在咸阳放了一把大火，不仅烧了阿房宫，也使秦朝剩下的那些可怜的典籍消失殆尽。汉文帝时开始抢救文献，大量搜集古籍，一些儒生将熟记的典籍背诵出来重新记录，或把之前冒险藏匿的典籍重新拿出，使之传世。这就是后来所说的今文经。

汉景帝末年鲁恭王兴建王府，毁坏了孔子宅邸，从孔宅旧墙中发现一批经典，汉武帝时，河间献王从民间收集了大批古典文献，这些文献都是用战国古文字书写，篇数、字数与原来儒生记诵的经典有出入，后来这批经典统称为古文经。

汉武帝为了适应政治的大一统，加强集权，采用儒生董仲舒的建议，实行罢黜百家、独尊儒术的文化政策，设五经博士，教授儒家的

中国智慧
写给中学生的18堂国学文艺课

焚书坑儒

五种经书《诗》《书》《礼》《易》《春秋》(孔子编辑的《乐》已失传)。于是五经成了国家的法定经典和士子的必读经典，也就是经学传统中所谓的"经"。

唐朝将"经"变为九部：《易》《书》《诗》《仪礼》《礼记》《周礼》《公羊传》《谷梁传》《左传》。至宋朝扩充到"十三经"：保留原来的《易》《书》《诗》，将《礼》拆为《仪礼》《礼记》《周礼》，《春秋》分为《公羊传》《谷梁传》《左传》，加上《论语》《孟子》《孝经》，再加上《尔雅》这部解经的工具书。

从西晋开始，中国古代把图书分为"经史子集"四类，将儒家经典及研究儒家经典的相关书籍单独列为一类，并将其置于四类之首。

所谓的经学，就是自西汉开始的专门解释儒家经典的字面意思和内在意蕴的学问。这些阐释，包括注、疏、传、笺、解、正义、章句等。

因为阐释时依据的经典版本不同，阐释的侧重点或者方向不同，经学便分成了不同的派别或类型。

先是分成了今文经学和古文经学。所谓"今文""古文"本来只是指两种字体，"今文"指汉代官方公文和民间流行的隶书，"古文"指秦始皇统一六国之前流行的籀（zhòu）文、篆书等古文字。在秦始皇焚书坑儒、项羽火烧咸阳之后，经典失传，汉代的儒生凭借记忆，用当时流行的隶书默写的儒家经书，被称为今文经，研究今文经的经学，就称为今文经学。汉代今文经学的主要代表是董仲舒、公孙弘，他们主要根据今文经，吸纳传统的阴阳五行说，将孔子尊为"素王"，即虽没有土地，没有人民，但只要人类历史文化存在，其王位权势就永远存在。他们认为"六经"都是孔子所作，其中有许多微言大义。于是他们特别注重挖掘、发挥经文背后的意蕴，将五经当作政治学和历史哲学，关注现实政治，讲阴阳五行、天人感应、灾异谴告之论，讲究通经致用。

而后来在孔宅发现的古文旧本，包括从民间搜集的旧本，是用古文字如籀文、篆书等书写，便被称为古文经，其相应的学问便称为古文经学。与今文经学相比，不仅依据的经文版本不同，其阐释经典的方法也不同。古文经学家认为六经并非孔子创作，而是古代典章制度与圣君贤相政治格言的记录，是孔子将这些古文献整理、保存了下来，因此，孔子并非如今文经学家所抬高的那样是"托古制法"的素王，只是一位"述而不作，信而好古"的文化大师。所以，古文经学注重对经文本义的理解和古代典章制度的阐明，重视训诂、考证，他们将这些经典当作历史资料和语言学来看。不过汉代古文经学多在民间进行，但因其治学方法更为科学、严谨，也形成了繁盛之景，产生了不少大师，如贾逵、许慎、马融等。

经学还有宋学与汉学之分。所谓"宋学"是指后来宋代道学家们对儒家经典的阐释。道学家们重新诠释古代经典，以疑经、改经、删经的方式来回归先秦经典，吸收佛学与道家思想，借古代儒家经典来阐述他们的理学主张。

汉学产生于清代。清代儒家学者认为宋学空谈心性，流于空疏，便倡导"考据学"，又称"朴学"，主要是对古籍进行整理、校勘、注疏、辑佚，重视考证，讲究实事求是，无证不信。"考据学"以经学为中心，涉及训诂、考据、音韵、史学、天文、历法、水利、地理、典章、金石、校勘等学问。因其引证的材料，至晚为两汉，所以叫汉学。汉学与古文经学相对接近。

当代学者周予同评价说，西汉今文学家将孔子视为政治家，偏重微言大义，其色彩为功利的，而其流弊为狂妄；东汉古文学家将孔子视为史学家，偏重名物训诂，其特色为考证的，而其流弊为烦琐；而宋学家将孔子视为哲学家，偏重于"心性理气"，其特色为玄想的，其流弊为空疏。也正由此形成了中国古代三种学术思想，即"因经今文学的产生而后中国的社会哲学、政治哲学以明，因经古文学的产生而中国的文字学、考古学以立，因宋学的产生而后中国的形而上学、伦理学以成"。

经学传统形成的历史原因

经学是中国的传统学术，是研究儒家经典的学问。古代学术虽然表面上有所谓"儒道释"三家并存，有所谓"经史子集"，但居核心地位的无疑是儒家，是儒家的经典，只有儒家经典被官家钦定为官学，为国家之学。而且在学者心目中，"经"是中国学术的枢纽。在中国学者看来，治学不治经，毕竟一场空。张之洞在其《书目答问》中写道："由小学入经学者，其经学可信；由经学入史学者，其史学可信；由经学、史学入理学者，其理学可信；以经学、史学兼词章者，其词章有用；以经学、史学兼经济者，其经济成就远大。"

谈中国学术，一般会提到七个关键词，先是春秋战国的"百家争鸣"，然后是"两汉经学""魏晋玄学""隋唐佛学""宋明理学""宋明心学""明清实学"。除掉先秦的百家争鸣和魏晋玄学、隋唐佛学，其余四者研究的都是经学。而先秦的百家争鸣，使儒家最后定于一尊，实际上是经学的先声。魏晋玄学虽然偏向道家学说，但它实际上是两汉经学的延伸和玄化，玄学人士所崇尚的也是儒家的圣人；而隋唐时期，虽然佛学盛行，但真正的官学是儒家经学，唐太宗还颁布《五经正义》使经学统一，又将五经扩为九经；隋唐将官吏选拔由察举制改为科举制，而科举考试的基本内容就是"经"；唐朝还产生了孔颖达这样的经学集大成者。

从前面简单的历史回顾可以看出，几千年来，历代学者皓首穷经，一切学术均以经典为圭臬，动辄子曰诗云、引经据典，体现出一种极端的经典崇拜，而且一崇拜就是两千多年。这在世界文化史上，无疑是一种极其特异的现象，产生这一现象的原因，可能有以下几点：

其一，封闭自足的地理环境。在讨论"达观圆融"时，我们曾经提到，中国文化长于内陆，东南大海，西部高山，北部大漠，形成了一个农耕社会的闭环。这是一种封闭自足的地理条件。我国疆域广大，资源丰富，地处热带、亚热带、暖温带、中温带和寒温带五个温度带，具备农业经济多样发展的基础，生产生活条件相对稳定，同时又与外部世界隔绝，难以向外横向探寻，遇事只好纵向求助于历史。加上我们在相当长时期内文化比较发达，更易形成自我满足的心态。

其二，祖先崇拜与维新思维。任何民族都有祖先崇拜的观念，都喜欢将祖先神圣化，越古老，越久远，就越神秘，越神圣，越权威，无论远古的图腾还是后来的感生之说，都是如此。但是，世界上其他许多发达的民族，早已越过了祖先崇拜，而我们在用理性精神来告别图腾时代，走向以城邦、国家为标志的人类文明时，走的是一条"家庭—家族—国家"的维新途径，于是，我们没有以革命的姿态断然抛弃祖先崇拜，而是自然而然地将其保留了下来，并将这倾向发展为"述祖""法古"，将祖先的历史和言行神圣化，其后又演化为对圣人、先王、时王、嫡长、尊上、师长诸权威的崇拜。孔子虽然说过，"郁郁乎文哉，吾从周"，但他又说，"周因殷礼"，"殷因夏礼"，最后又上溯到尧舜，说"唯天为大，唯尧则之"。而祖也得，古也得，尧也得，舜也得，夏礼、殷礼、周礼，都只能以"经"来记载。这样，自然也就形成了经典崇拜。

其三，史官文化与政教合一。中国文化的起源存在两条基本路线，即巫官文化和史官文化。最初两者合一，共同推进中华文明的发展。在文明之初，生产力低下，对自然由无知而恐惧，由此产生了自然崇拜和原始宗教，产生了原始的巫文化。殷人大量甲骨文都是卜辞，从卜辞可以发现，"殷人尊神，率民以事神"。巫官专门负责沟通人神，并将这些交流情况记录下来，这便形成了部族谱系和历史。巫官也是史官，所以中国古代"巫""史"并称。但是殷人"事鬼"，由自然物类的图腾崇拜，演变成了祖先一元神崇拜，由此形成了"先祖＝上帝"的宗教形态，把自然崇拜与祖先崇拜结合在一起。

殷商人祭祀祖先，对象和顺序都很凌乱，从商代第二十五代君主祖甲开始，改为每一旬将祖先轮流祭祀一次，史称"祖甲改制"，从此史官文化迅速发展。史官本是从巫祝中提升出来的，专门从事史事的记注。进入周朝以后，周公"制礼作乐"，史官在政治生活中的地位越来越高，且分工越来越细，不仅天子设史官，诸侯也设史官。史官掌管"典、法、则"，成了礼法的管理者和执行者，同时记录统治者言行，这也迫使统治者收敛行为，遵从礼法。这样，史官就有了监督的职能。他们还继承了巫的职能，负责天人关系的宗教事务。可见，史官就是古代中国社会意识形态的掌管者，他们留下的东西，就是记录，就是文献，就是道德评判的依据。就像"孔子作《春秋》，乱臣贼子惧"，"一字之贬，严于斧钺；一字之褒，荣于华衮"。这些文献，后来就成了"经"。

其四，理性早熟的宗教替代。中华文明一开始就走到了世界的前列。我们最早发现水稻和丝绸，最早脱离树叶兽皮遮体、茹毛饮血的原始社会生活方式。水稻种植需要精耕细作，需要协同防水，防御游牧民族。由部落，到酋长种族，到诸侯分封，中华文明很早就跨过民族国家的概念进入大统一的政治协调的文明，而且由巫文化较早进入史官文化。梁漱溟先生称之为中国文化的"早熟"。李约瑟说，中国文明一开始就爬到了世界文明的顶端。文化早熟的标志之一就是代表理性的史官文化的成熟。以巫官文化为主的殷商文化是一种宗教文化，但随着意识形态的主导权由巫官让位于史官，理性主义日益浓厚，宗教意识逐渐淡化，社会的意识形态便由殷商时的通过宗教仪式来表现，转为通过"经学"这种特殊的学术形态来表现了。可见，中国的经学传统实际上具有某些宗教的性质，这恐怕也是中国宗教一直不发达的原因。

经学的本质

经学是阐释之学，而不是创造之学

经学实际源于孔子，孔子在经学史上的地位极其崇高。而他对于五经的态度是"述而不作，信而好古"，朱熹说："述，传旧而已；作，则创始也。"连至圣先师都是如此，何况后学？所以后代经学学者，自然就是一种"祖述尧舜"的崇古和复古的意识，不断对经典进行反复诠释。

尽管他们的方法不同，侧重点不同，或义理，或考据，或辞章，或阐释微言大义，或考证古代名物典章制度，或研究语音语义，但都只是对古老原典的阐释，而不是面对现实世界的创新。就像《四库全书总目提要》所评述的："其初专门授受，递禀师承。非惟训诂相传，莫敢同异。即篇章字句，亦恪守所闻。"虽然著作汗牛充栋，无非是"纸上加纸"，全都是围绕经书的车轱辘话。而且就那么几本书，硬要不停地解释，自然会流于烦琐，少则几十万言，多则百万言。桓谭《新论》记载，当时有人解说《尚书·尧典》，仅仅解说其中的"曰若稽古"四字，就用了三万多字。人们在经典上不断累加各种各样的解释，实际上制造了理解经典的重重障碍，结果是你不说还好，你越说反让人越糊涂，以至于皓首也不能穷一经。

经学是信仰之学而不是探索之学

任何社会，任何国家，都有其普遍认同的价值体系，基本的意识形态，共同的信仰追求。在西方，这种价值体系、意识形态和信仰，往往通过规约、法律、宗教、哲学等方式表现出来，而在古代中国，则主要是通过经学表现出来，换言之，我们以经学代替了法律、宗教和哲学。从汉代起经学就由皇家钦定，政府颁行，并让它成为治国理政和世人日常行为的理论依据。经典就是真理，经典成了全社会的信仰。董仲舒说："圣人之所命，天下以为正。正朝夕者视北辰，正嫌疑者视圣人。"(《春秋繁露》)《汉书·儒林传》也说："六艺者，王教之典籍，先圣所以明天道，正人伦，致至治之成法也。"所以，可以讨论对经典的具体理解，但其真理性不容怀疑；含义可以探讨，但价值不容怀疑。一旦怀疑，便会被人上纲上线，视为异端邪说。这是一种典型的将学术意识形态化的现象。

在经学看来，儒家的这几部经典，是取之不尽、用之不竭的智慧宝库和真理源泉，只要尽量挖掘，就足够经世致用。朱熹说，"道理，圣人都说尽了"，面对"圣人言语"，"自家当如奴仆，只去随他。他教住便住，他教去便去"（《朱子语类》）。所以，这种学问，不是以探索未知世界和发现真理为目的，而是以理解、证明和怎样运用古代经典为目的。

经学是经世之学而非"经生"之学

"经世致用"是儒学的重要传统，也是中国学术的重要特色。"内圣外王"是儒家的理想，重视助人君，行教化，修身、齐家，最后达到治国、平天下。但是说到经世致用，自然会产生这么一个困惑，那就是：既然中国学术非常重视经世致用，何以最具有经世致用价值的科学技术却会远远落后于西方呢？我们讲究实用理性，而科学技术最具有实用价值，却在中国最不受重视。如果说科学的实用价值一时还难以明朗，至少技术一定是实用的，但是技术在中国文化中一直处于受贬抑的地位，所谓"奇技淫巧"，所谓"君子不器"。

这是因为，我们的经世致用不是指向民生的致用，而是指向经世的致用，是治国理政、治国治民的致用。中国的史官文化是帮助统治者治民的，史官"掌官书以赞治"。中国的学术最先是以王官之学的身份登上历史舞台的，而政教合一、灌输意识形态，是王官之学的基本特点。孔子本人并不安于学术，而是热心政治，周游列国，"不试，故艺"，无可奈何才退而论学，目的还是在政治。所以，从孔子而下的经学，始终就是一种实用型政治伦理学术，关于民生的学问，基本不在其考虑之列。直到后来清代的朴学，为研究经学而涉及天文、历法、水利、地理，目的也不在民生，而在通经明道。

经学是治心之学而非治物之学

在天人之间，中国文化着重的是"人"；在物我之间，强调的是"我"；在身心之间，突出的是"心"。中国经学号称"天人之学"，所谓"学究天人"，但天人之际，核心是人，处理天人关系，核心和宗旨是"做人"，经学于国是治国之学，于人是做人之学。而做人，关键在修心，所以中国儒学形成了一门独特的"心性工夫"，从孔子到孟子、《中庸》《大学》，到理学、心学，其学问都是在研究人心，而研究人心，又不是将人的心理当作一种基于人脑的生理的物的研究，而是纯粹作为一种道德伦理意识研究，日本汉学家本田成之称之为"人生教育学"。中国经学始终没有跳出"心"的层面，没有将视野扩展到"物"的层面，整个学术，不是外向于对象世界、物质世界，而是内向于自我的心灵世界、意识世界，始终就只是一种道德伦理之学，没有发展成为现代自然科学。

经学是求用之术而非求知之学

经学之所以能成为官学，被汉武帝钦定为皇家学问，本就不是因为"学"而是因为"术"，即"治术"，驭臣治民之术。秦始皇用法家之术，汉初用黄老之术，汉武帝则用儒家治术。经学一产生，便是重术轻学的。关于学与术的区别，梁启超曾有这样的解说："学也者，观察事物而发明其真理者也；术也者，取所发明之真理而致用也。"也就是说，学在求真求知，术在求用。所以我们特别强调经世致用。经学家们研究经典，是从经典寻找治国治民的良策，通经的目的在致用。但是通经与致用往往发生矛盾，当治术需要变更的时候，经学内部对经的阐释就会出现分歧，因为政治目的不同，经学家们所持的今文经与古文经就会有别，阐释的立场与角度也会出现很大差异，但他们都是从经文中寻找依据。

于是，以学为表、以术为质的经学，没有了独立的学术品格。就像康有为与章太炎，前者为倡导维新变法，便大力鼓吹今文经学，著《孔子改制考》《新学伪经考》；后者为倡导反清排满，极力倡导古文经学，宣传夷夏之别。其依据都是儒家经典。由于重术轻学，最终导致没有建立起独立于政治之外的纯粹求真求知的学术体系，学术始终都是政治的附庸。

经学思维与治学方法

"隆古崇圣"与"封闭自足"

经学思维里有一个奇怪的想法，就是认为两千多年前刚刚从茹毛饮血的原始状态脱胎而出的古人，远比今人聪明圣明，于是他们将古人留下的经典视作一个自足的系统。这样，整个学术和文化领域，似乎有这几本经典就足够了，抱着它，世世代代享用不完。于是便"以圣人之是非为是非"，法古崇圣，祖述尧舜。西方人并非不重视传统，但他们是基于传统，学古是为了创新；我们则是托庇于传统，学古是为坐享其成。这样，一切新的学问，都变得无足轻重或者多余，甚至可能被视为异端。

在经学传统里，即使对于经典本身的阐释，也特别重视"师法"和"家法"。梁启超批评道："正学异端有争，今学古学有争，言考据则争师法，言性理则争道统，各自以为孔教，而排斥他人以为非孔教。"这一方面使整个社会形成了一种"接受性"性格，这种性格"倾向于接受别人的思想，而不是提出新的想法"（弗洛姆），最终导致整个社会趋于保守。另一方面，学术上难有新的突破。如成书于公元1世纪之前的《九章算术》，表明我国数学在当时已经达到了很高水平。但是，直到西方数学传入中国，我国数学界始终未能彻底打破《九章算术》的格局，因为我们将其视作"经"。清代数学家孔继涵在其《算经十书》序中说："呜呼！九数之作，非圣人孰能为之哉？"在自足封闭的思维里，不敢对经典有任何的怀疑，自然很难超越。

"学随术变"与"旧瓶新酒"

经学的本质不是学而是术，而其治学思维则是学随术变。"学"探究的是事物的本质和规律，事物可以有多个规律，但只要是规律，就不能任意解说。但是，中国经学却不是还原事物的本质和规律，而是为当下服务。《论语》"子夏说诗"已见端倪。《诗经》"巧笑倩兮，美目盼兮，素以为绚兮"，无非是描绘女孩的美丽，却让孔子和子夏说成了"礼"在"仁"后，《诗经》之学变成了孔门实践仁学主张之"术"。到董仲舒独尊儒术，明确提出《诗》无达诂、《易》无达占、《春秋》无达辞。到后来，还产生了"六经注我"之说，实际上是将"学"当成"术"了。为什么董仲舒会从《春秋》这样的历史书中弄出"谶纬之学"？《周易》之学何以基本变成了神秘文化的术数之学？从学术本身说，是因为我们将"学"作"术"了。

事物是多样的，情况是变化的，时代是发展的，但古老的经典只是文明之初的一些治世经验，实际上相当幼稚，如何用它们来解决多变的现实政治与道德问题呢？经学实际上面临如下矛盾：旧观念与新情况，旧形式与新内容，普遍性与特殊性，原则性与灵活性，等等。经学家们的智慧就表现在他们能将这矛盾很好地协调起来。这种智慧，冯友兰先生称之为"旧瓶装新酒"，实际上就是借旧的经典来解释新的问题，阐释新的理念，借旧的形式来创新。

我们在讨论"因势利导"时曾分析道，"巧于因借"是一种中国智慧，而打着古人的旗号来实施革新，则是中国人的一种革新策略。孔子是"托古改制"；文学领域的唐宋古文运动、白居易新乐府运动、明代的唐宋派散文，是借复古来表达和实践新的文学主张；在政治思想和学术领域，从叔孙通、公孙弘、董仲舒，直到王安石、程颢、程颐、朱熹、陆九渊、王阳明等，都是借"经"来张扬他们所谓的新思想。就像朱维铮先生说的那样："随时出现的实用需求，包括时君的意向，时髦的幻想，矛盾的愿望，驳杂的信仰，便会不断被装入'经学'的篮子里。"这有点类似于今天股市里的"借壳上市"。

当然，这是一种不变中求变，是一种有限的创新，是一种修补式的创新，严格地说，这是一种维新思维。也许，对待古代和外来文化的真正正确的方式，应该是"借鉴"，但我们是"借壳"，是借瓶子，所以，孔子这个"旧瓶子"装的东西，不断在变，从董仲舒、马融、郑玄，到韩愈、欧阳修、王安石，再到程颢、程颐、朱熹，再到陆九渊、王阳明，再到顾炎武、戴震等，走的都是这条路。

"通经致用"与"有限求实"

经学家一直倡导"通经致用"，就是通晓经术，以求实用。但是，经学的致用是治世而非"治生"，所以这种致用更多是为封建统治服务，是为统治者寻找治国治人之术。经学家关心的是"国计"，较少关心"民生"。另一方面，经学是治心之学而非治物之学。

一般理解，通经致用讲究通晓经术，应该追求为国计民生建功立业，成就所谓"事功"。但是儒家的"致用"实际有两条路径，一是"内圣"，二是"外王"。先秦就已形成颜渊、曾参、子思、孟子偏重于修德的内圣一派和子夏、荀子偏重于事功的外王一派。后来，汉代和明清之际的经学家偏重外王的事功，宋明的理学、心学偏重于内圣的心性工夫。就主体而言，是心性论占了大头。这样，我们的致用有了两层限制，一是限于政治，二是限于心性。这种通经致用，固然带来了求实的学术观，可另一方面，却至少有三大缺陷：

一是偏于人文。由于其极其关注治世与治心，不太关注治生与治物，所以科学技术一直不受待见，经学全都是政治伦理学。

二是短视。由于过于看重学术的目的性，把学术当作治术，不知道学术本身的独立价值，一切看不到直接效果的学问都会遭到贬抑。所以，在治物的学术方面，我们的技术相对发达，而在纯粹理论科学领域却几乎是空白，因为偏理论的科学往往短时间内看不到应用价值。即使从人文学科的角度而言，我们主要发展了有直接功利价值的政治学和伦理学，而暂时看不到功利价值的哲学却相当贫弱。

三是空疏。由于偏重人文，没有科学技术的实证研究做保证，加上偏重心性论，偏重不可捉摸的心灵世界，即使对于心的研究，也没有走向实证与实验的心理学，而只是基于思辨与体验，于是最终坐而论道，空谈心性。

当然，经学家不断倡导"求实"，从汉代班固就提出了"实事求是"，尤其到明清之际的实学时，更重视考据，治学态度严谨。清代朴学大师戴震为考证伪古文《尚书·尧典》中的一个"光"字，竟花了二十多年时间，最后才得到自认是九分肯定的结果，晚年还嘱咐他的儿子、弟子们继续查找证据，后来著名学者钱大昕、姚鼐以及戴震的族弟都还在寻找相关证据。可见清代朴学大师们治学之严谨求实。

但是，由于经学是求用之术，而非求知之学，这就严重限制了这种求实。一方面，因为这种求实是以用为标准的，与用无关，则不在"求"之列，而且一旦妨碍于用，则不惜以术代学，学随术变。所以，经学的求实，并没有带来真正的学术发展，没有带来太多的新知，没有开拓未知的领域。另一方面，考据的求实，是指向历史的真实，而不是现实的事实，其范围大大打了折扣。

政治依附与道统意识

中国春秋以前的文化教育，其基本特点是学在官府、政教一体、官师合一。后来天子失官，学在四夷，学术才从政治开始分离。但这种分离是极不情愿的。孔子周游列国，到处碰壁，才退而述书。而四夷之学，都关乎政治之学。汉代定儒家经书于一尊，又将学术拿到政治的身边，自此，皇家钦定了经学的地位，其基本内容是关乎意识形态的，体现的是封建统治者的权力意志，其目的在于为统治者提供治世治人之术，而其学者基本都是各级政府官员，除了汉代开始的五经博士，很少有纯粹的学者。所以，这样的学术本质上既不是"我注六经"，也不是"六经注我"，大多情况下是以经来注官家意志，没有独立的品格。

中国知识分子有一种自觉构建和传承"道统"的使命感，自老子以"道"为世界的本源，中国人就开始了"道统"的构建。所谓"道统"，指的是儒家传道的系统，唐代韩愈明确提出儒家有一个始终一贯的有异于佛老的"道"，即儒家思想核心的"仁义道德"，"尧以是传之舜，舜以是传之禹，禹以是传之汤，汤以是传之文、武、周公，文、武、周公传之孔子，孔子传之孟轲"，学者们自觉以道统来维护儒家之道的纯洁性。这种自觉的道统意识，既有自我构建精神世界以体现儒者社会责任与社会良心的目的，更有试图建立一个超越君权、凌驾于"政统"之上的"道统"来形成对君权制衡的目的。最终导致经学"以学为表、以术为质、以道为骨"的特点。这种道统意识，既具有维护社会文化传统延续的保守文化功能，也具有巩固和强化封建专制统治的作用，还具有以"道统""学统"制衡"政统"的意义。

经学传统的价值迷雾

从20世纪初的五四运动，到20世纪中后期的"文化大革命"，经学被彻底打入冷宫，变得臭名昭著。的确，经学导致民族性格的封闭保守，导致思想的僵化，导致科技的落后，导致学术的意识形态化，导致学术的不独立，等等，这是不争的事实，从这一角度说，经学传统的价值是负面的，是否定性的。

但是，另一个事实也不容忽视，从汉武帝元光元年也就是公元前134年的"罢黜百家，独尊儒术"，到20世纪的五四运动，如此腐朽的学术何以能传承两千多年？中华文明有两最：持续最久，繁荣最久。放眼世界，有哪个文明有这么长的辉煌史？靠经学传统维系的中华文明不仅一直没有中断，甚至还辉煌了千年以上，这其中的秘诀不是也很值得研究吗？

所以，研究中国古代文化，尤其研究"经学"这个迄今被骂了整整一百年的传统学术，似乎要从两方面考虑，一方面，它为什么会式微？另一方面，它为什么能生存那么久？为什么能维系两千多年并能带来上千年文明的繁荣？应该充分关注到，正是经学，构成了我们民族的核心价值观，使我们民族形成了一种尊重传统的习惯，使中华民族具有内在的凝聚力和亲和力，才能历经数千年，几经外族入侵，甚至积贫积弱，而仍然能屹立不倒，甚至不断创造辉煌。在维护民族团结、国家统一、

中国智慧
写给中学生的18堂国学文艺课

社会稳定等方面，在积极用世、实事求是、学风严谨方面，在尊重传统、稳中求变方面，在解决原则性与灵活性、旧形式与新内容、普遍性与特殊性的矛盾方面，经学传统都具有可资借鉴的意义。

撷英掇华

原典

自汉京①以后，垂二千年，儒者沿波②，学凡六变。其初专门授受，递禀师承。非惟训诂③相传，莫敢同异④。即篇章字句，亦恪守所闻。其学笃实谨严，及其弊也拘。王弼、王肃⑤，稍持异议。流风所扇，或信或疑。越孔、贾、啖、陆⑥，以及北宋孙复、刘敞⑦等，各自论说，不相统摄。及其弊也杂。洛、闽⑧继起，道学大昌。摆落汉唐，独研义理，凡经师旧说，俱排斥以为不足信。其学务别是非，及其弊也悍⑨。学脉旁分，攀援日众，驱除异己，务定一尊。

自宋末以逮明初，其学见异不迁，及其弊也党。主持太过，势有所偏，才辨聪明，激而横决⑩，自明正德、嘉靖⑪以后，其学各抒心得，及其弊也肆。空谈臆断，考证必疏，于是博雅之儒，引古义以抵其隙。国初诸家⑫，其学征实不诬，及其弊也琐。（《四库全书⑬总目提要·经部总叙》）

①汉京：指汉朝都城长安或洛阳，借指汉朝。②沿波：比喻承袭过去的事物。③训诂：解释古代典籍中的字句。④莫敢同异：莫敢异。同异：偏义复词，偏"异"。⑤王弼（226~249）、王肃（195~256）：均为三国时代的经学家。⑥孔、贾、啖、陆：中唐经学家孔颖达（574~648）、贾公彦（生卒年不详）、啖助（724~770）、陆淳（？~806）。其中孔颖达是魏晋至唐朝经学的集大成者。⑦孙复（992~1057）、刘敞（1019~1068）：均为北宋经学家。⑧洛、闽："洛"指程颐、程颢兄弟，因其家居洛阳，世称其学为洛学；朱熹曾讲学于福建，世称其学为闽学。⑨悍：强悍霸道。朱熹一派主张以疑经、改经、删经的方式来回归先秦经典。⑩横决：比喻事态发展冲破常规。⑪正德：本指明朝第10位皇帝明武宗朱厚照的年号；嘉

靖，明朝第11位皇帝明世宗朱厚熜的年号。这里指正德、嘉靖年间的王阳明心学。
⑫国初诸家：当指清初的著名经学家如顾炎武（1613~1682）、阎若璩（1636~1704）
等。⑬四库全书：全称为《钦定四库全书》，是清代乾隆时期耗时13年，由360多
位高官、学者参与编修的大型丛书，分经、史、子、集4部，共收录3462种图书，
共计79338卷，36000余册，约8亿字。

文本大意 从汉代到现在接近两千年了，儒学的传承总共有六次变化。刚刚开
始，有专门的师门传授，学术上一脉相承。不仅仅只有字句解释相传承，其他
也不敢有任何差别。即使是篇章字句，也严格遵守师门的传授。这种学风严谨实
在，其弊端则是过于拘谨，不知变通。等到三国时候的王弼和王肃，渐渐有些不
同看法，影响所及，或相信或怀疑，后来历经中唐时代的孔颖达、贾公彦、啖助、
陆淳，以及北宋孙复、刘敞等人，各执己见，不相统一，其弊端则是过于驳杂，
莫衷一是。到二程（程颢、程颐）的洛学和朱熹的闽学兴起，道学昌盛，摆脱汉
唐的约束，独辟蹊径研究儒学义理，所有原来经师的陈说，都被排斥，认为不足
采信。他们的学说追求正误是非，其弊端在于太过霸道。后来学派分支，追随者
越来越多，便排斥不同意见，唯我独尊。

从宋朝末年到明朝初年，其学说各自固守本派观点，其弊端则是各自形成了
山头和圈子。过于固执己见，必然会带来偏激，于是才辩聪明之士激愤而起，打
破常规，自明朝正德、嘉靖年间以后，各学说各抒己见，其弊端便是随意任性。
坐而论道，主观臆断，必然带来空疏不实，于是博学鸿儒们便开始引证古典来
攻击他们的漏洞。清初的各位经学大师，他们的学问真实可信，其弊端则是过
于烦琐。

读孔子所作之经，当知孔子作六经之旨。孔子有帝王之德而无帝
王之位，晚年知道不行，退而删定六经，以教万世。其微言大义实可
为万世之准则。后之为人君者，必遵孔子之教，乃足以治一国；所谓
"循之则治，违之则乱"。后之为士大夫者，亦必遵孔子之教，乃足以
治一身；所谓"君子修之吉，小人悖之凶"。此万世之公言，非一人之
私论也。孔子之教何在？即在所作六经之内。故孔子为万世师表，六
经即万世教科书。（皮锡瑞①《经学历史》）
①皮锡瑞（1850~1908），湖南人，清代著名学者，著有《经学历史》《经学通
论》等。

文本大意 读孔子所作的经书，必须知道孔子作六经的宗旨。孔子有帝王之德却没有取得帝王之位，于是隐退民间删定六经，来教导后世。六经中隐含的深刻意蕴可以作为万世的准则。后代人君，必须遵循孔子的教诲，才能治理好一个国家。这就是人们所说的："遵循孔子之教，天下便太平；违背孔子之教，天下便动乱。"后代的士大夫们也必须遵循孔子的教诲，才能成就自己的品德。这就是人们所说的："君子按照孔子的教诲修身就吉利，小人违背孔子的教诲就凶险。"这是历经多年检验的公理，并非某某人的个别论断。那么孔子的教诲在哪里？就在他所作的六经之中。所以孔子成为万世师表，六经成为万世的教科书。

名言

◎郁郁乎文哉，吾从周。（春秋·孔子）

◎巍巍乎！唯天为大，唯尧则之。（春秋·孔子）

◎述而不作，信而好古。（春秋·孔子）

◎罢黜百家，独尊儒术。（汉·董仲舒）

◎《诗》无达诂，《易》无达占，《春秋》无达辞。（汉·董仲舒）

◎遗子黄金满籝，不如教子一经。（汉代民谚）

◎道沿圣以垂文，圣因文而明道。（南朝梁·刘勰）

◎经也者，恒久之至道，不刊之鸿教也。（南朝梁·刘勰）

◎寻章摘句老雕虫。（唐·李贺）

◎六经注我，我注六经。（宋·陆九渊）

成语

◎皓首穷经：一直到年老头白还在深研经书和古籍。

◎微言大义：精微的语言里包含着深刻的含义。

◎引经据典：引用经典中的话作为立论的根据。

◎子曰诗云：指儒家言论。子，指孔子；诗，指《诗经》。

◎离经叛道：不遵经书道理，背离儒家道统。现多比喻背离主流思想或传统。

◎经明行修：通晓经学，品行端正。

第 5 课

博观约取：广博的学习精神，
　　　严谨的治学态度

　　博观约取：广博观览吸收，简约审慎地选择取用。
与"厚积薄发"意思接近。语出苏轼《稼说送张琥》："呜
呼，吾子其去此而务学也哉！博观而约取，厚积而薄发，
吾告子止于此矣。"

读万卷书，行万里路

中国文人强调读万卷书，行万里路。

这里有这么几个典型。

人们首先想到的可能是司马迁。司马迁出身史学世家，其父为太史令。据班固《司马迁传》记载："迁生龙门，耕牧河山之阳。年十岁则诵古文。二十而南游江淮，上会稽，探禹穴，窥九嶷，浮沅湘。北涉汶泗，讲业齐鲁之都，观夫子遗风，乡射邹峄；厄困蕃、薛、彭城，过梁楚以归。于是迁仕为郎中，奉使西征巴蜀以南，略邛、筰、昆明，还报命。"就是说司马迁十岁开始诵读古文。具体情况是：他的父亲司马谈到长安做了太史令，司马迁便随父亲也到了长安，然后在父亲的指导下，利用皇家图书馆，用十年时间刻苦攻读诗书，完成了他的"读万卷书"。二十岁时，他开始游历四方。你看他足迹所至，到过江淮，游过湘楚，访过齐鲁，西至巴蜀，南到昆明，考察风俗，采集传说，几乎游历了全中国。他漫游到汨罗江畔，寻访屈原投江之地，朗吟屈原之诗，至痛哭流涕。再如他访韩信故乡淮阴，搜集逸闻轶事，揣摩韩信甘受胯下之辱的心理。他曾拜谒孔子陵墓，学习骑射，模仿古礼。

十年的苦读，八年的游历，完成了他的"行万里路，读万卷书"，到他二十八岁时，被任命为太史令，开始继承父亲的遗志，撰写史书。父亲临终之时，曾对他说："予死，尔必为太史；为太史，毋忘吾所欲论著矣。"他父亲还说："自获麟以来四百有余岁，而诸侯相兼，史记放绝。今汉兴，海内一统，明主贤君，忠臣死义之士，予为太史而不论载，废天下之文，予甚惧焉，尔其念哉！"自从鲁哀公以来四百多年，没有一部像样的史书，而现在江山一统，躬逢盛世，作为太史公本应完成像样的史著，却未能完成，是他一生的遗憾，他希望司马迁能完成他的遗愿。司马迁流着眼泪答应了他的父亲："小子不敏，请悉论先人所次旧闻，不敢阙。"后来司马迁著成的《史记》之所以能"究天人之际，通古今之变，成一家之言"，开创了中国史学的基本体例，司马

　中国智慧
写给中学生的18堂国学文艺课

迁本人也被尊为"史圣"，正是基于他的"读万卷书，行万里路"。

另一位以"读万卷书，行万里路"而为大家熟悉的，应该是李白。至少，李白的仗剑出游，是大家耳熟能详的。

李白出生在唐代的边疆城镇碎叶城，即今吉尔吉斯斯坦楚河州北部的托克马克，当时属于唐代条支都督府的一个城镇，也就是唐玄奘《大唐西域记》中的"素叶水城"。后来他随全家迁到四川，少年时代基本是在四川度过的。他自称蜀中人，所谓"家本紫云山"，即今四川绵阳市境内。从五岁到二十岁他主要在家里读书习剑，二十岁开始在四川境内游历，到过成都，游览过峨眉山，游访过戴天山。他饱览了四川优美壮丽的自然景色，接触了各种各样的社会生活。

到二十五岁，为了更好地施展自己的抱负，开始了他长达十七年的仗剑远游，所谓"故知大丈夫必有四方之志，乃仗剑去国，辞亲远游"。先是出三峡，游襄阳，下江陵，抵荆门，到武汉，泛洞庭；然后北上山西太原，再东游齐鲁，漫游江浙、安徽，直到四十二岁才抵达京师长安。在京师过了三年安定的生活后，于四十五岁又开始了他长达十年的漫游，所谓"一朝去京国，十载客梁园"（李白《书情赠蔡舍人雄》）。这十年他走过了广阔的区域，离开长安，经过开封，游过洛阳，到过济南，到过山西、陕西，然后作别东鲁诸公，南下江浙，游天姥山，游扬州、金陵，游会稽、永嘉，五十五岁到达安徽，结束了十年的漫游和流浪。

李白的一生，大部分时间都在游历，其实李白不仅饱读诗书，四方游历，他还会谈兵击剑。他擅长书法，尤其擅长草书，好饮酒，会鼓琴，能歌善舞，很健谈。

李白的诗风为什么那么豪放？他的想象为什么那么丰富和奇特？他构筑的诗歌意境为什么那么雄伟瑰奇？为什么读他的诗歌你会觉得那么自然流畅而又富于音乐的美感？这一切都与他的人生经历有关。晚唐诗人皮日休说他"五岳为辞锋，四溟作胸臆"，用李白自己的话说，就是"观奇遍诸岳"（《望黄鹤山》）。

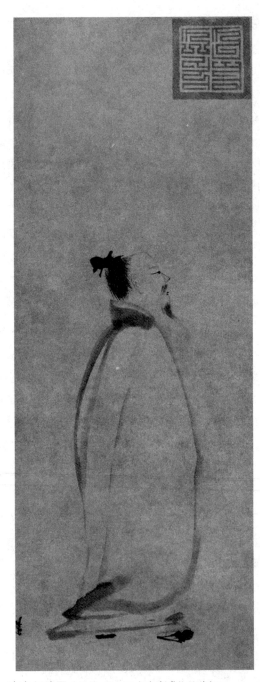

李白行吟图（梁楷 绘，日本东京博物馆藏）

其实古代的文学家们大多喜欢漫游，例如提出"读书破万卷，下笔如有神"的杜甫，读万卷书自不在话下，但他同样是一个喜欢游历的人，"在他从二十岁（731年）到二十九岁（740年）的十年内做过两次长期漫游，漫游的区域是吴越和齐赵"（冯至《杜甫传》）。皮日休在青年时代也曾远游，由湖北、湖南、江西、安徽、河南一直到长安，行程两万多里。

　　不仅文学家们喜欢游历，学者们也是如此。中国古代有个词叫"游学"。例如东汉著名的经学大师郑玄，家住今天的山东高密，却有很长时间在西北、山西、河北、河南一带遍访硕学鸿儒，他在《诫子书》中说："游学周秦之都，往来幽、并、兖（yǎn）、豫之城，获觐乎在位通人、处逸大儒，得意者咸从捧手，有所授焉。"郑玄能成为经学大师，绝不是偶然的。

多闻阙疑，由博返约

　　这种"读万卷书，行万里路"的学习精神与治学风格，是中华文化的传统。

　　比如儒家的创始人孔子，无疑是个大学问家，他以博学著称，且好学不倦，他十有五而志于学，好古敏求，学而不厌，"子入太庙，每事问"（《论语·八佾》），甚至是"朝闻道，夕死可矣"（《论语·里仁》）。但就是这么一个好学且博学的人，却强调"多闻阙疑，慎言其余，则寡尤。多见阙殆，慎行其余，则寡悔。言寡尤，行寡悔，禄在其中矣"（《论语·为政》），强调"敏于事而慎于言"（《论语·学而》）。他是文化史源头上的圣人，强调的就是"多闻、慎言"，以至于奉守"述而不作"的原则。《论语·述而》记载："子曰：述而不作，信而好古，窃比于我老彭。"这实际上体现的是一种博观约取的精神。

再比如道家的创始人老子，曾做过周朝"守藏室之史"。这是个什么官？就是周王朝国家图书馆的管理员，所以他一辈子一直阅读、整理图书，最后留给这世界就是区区五千言的《老子》。但这五千言却是字字珠玑，句句精华，是整个中华文化史乃至整个世界文化的瑰宝。五千言道尽世间变化，五千言道尽人生哲理，真所谓浓缩的精华。这就是典型的"博观约取，厚积薄发"。

博观约取体现了中国古代文人严谨的治学态度。中国有两句成语，一句是"大器晚成"，大器何以晚成？因为要担当重任需要经过长期的磨炼。另一句是"大道至简"，何以是"大道"？因为博观和厚积，是长期观察、长期积累、广收博采的结果；何以是"至简"？因为是约取和"薄发"。王安石在他的《游褒禅山记》中指出，"学者不可不深思而慎取之也"。所以古人在治学过程中，特别强调由博返约，孟子曾说："博学而详说之，将以反说约也。"（《孟子·离娄下》）做学问，要从广博出发，继而务精深，最终达到简约的境界。

简约是中国文化推崇的一种境界，我们在讨论"大道至简"时曾说，"中国文化的简，不是简单的简，而是以简驭繁的简，是由博返约的简，是博观约取、厚积薄发的简"。所以，中国的文化著作很少长篇大论。顾炎武先生明确提出，"文不贵多"，"多则必不能工，即工亦必不皆有用于世"，讲究的就是博观约取、厚积薄发，所谓"板凳要坐十年冷，文章不写半句空"。《颜氏家训》中说："观天下书未遍，不得妄下雌黄。"

古代学者强调读书治学必须下硬功夫。所谓"扎硬寨、打死仗"。例如著名国学大师、国学奇才黄侃先生，人们称他与章太炎为"乾嘉以来小学的集大成者"，是"传统语言文字学的承前启后人"。据黄侃先生的学生殷孟伦先生回忆，黄侃先生所治经、史、语言文字诸书皆反复读过几十遍，其熟习程度能举出具体内容的页数与行数，他读《清史稿》，全书一百卷，从头到尾一卷一卷地详加圈点。而且他读书一定要动笔或加批语，他批点过的书，现存有百余种。但是，就是这位学识精博、无书不读的大师，却自言要五十岁后方始著书。五十岁之前，是他博观的过程，五十岁后才能约取、薄发。可惜的是，黄侃先生未满五十溘然仙逝，以致没有留下太多的著述。但从这个事例可以看出，古代学者对自身的博观厚积有多么严格的要求！

不仅治学如此，艺术也是如此，著名画家董其昌就直接提出画家也应该读万卷书，行万里路，只有读万卷书，行万里路，胸中才有丘壑，笔下才有精彩。

 撷英掇华

《原典》

采撷群言①

子曰："吾犹及史之阙文②。"是知史文有阙，其来尚矣③。自非博雅君子，何以补其遗逸者哉？盖珍裘以众腋成温④，广厦以群材合构。自古探穴藏山之士，怀铅握椠⑤之客，何尝不征求异说，采撷群言，然后能成一家，传诸不朽。

观夫丘明受经立传⑥，广包诸国，盖当时有《周志》《晋乘》《郑书》《楚杌》⑦等篇，遂乃聚而编之，混成一录。向使专凭鲁策，独询孔氏，何以能殚见洽闻，若斯之博也？马迁《史记》，采《世本》《国语》《战国策》《楚汉春秋》。至班固《汉书》，则全同太史。自太初已后，又杂引刘氏《新序》《说苑》《七略》之辞。此并当代雅言，事无邪僻⑧，故能取信一时，擅名千载。(《史通·内篇·卷五》)

①本篇选自刘知几《史通·采撰》，标题为编者所加。刘知几：唐代史学理论家，所著《史通》是中国首部系统性的史学理论专著。采撷(zhí)群言：即博采群言。②阙文：史官记史，遇到有疑问的地方便缺而不记，这叫阙文。③其来尚矣：历史很久远了。尚：通"上"，此指远古。④裘：皮衣。腋：狐狸腋下的皮毛。⑤怀铅握椠(qiàn)：常带书写工具，以备写作的需要。铅：此指笔。椠：竹简。⑥丘明受经立传：丘明，左丘明。受经立传：指左丘明根据《春秋经》写《左传》。

⑦《周志》《晋乘》《郑书》《楚杌（wù）》：皆春秋时期各国的史书。⑧邪僻：乖谬不正。

文本大意 孔子说："我还能看到史书存疑之处。"可见史书有遗缺，是由来已久了。如果不是博学多才的高明之士，怎么能补充那些遗缺散轶的史实呢。珍贵的裘皮大衣是因为集腋成裘才有那样的保温效果，高楼大厦是因为多种材料才形成了宏伟的建构。自古以来能写成藏之名山、流传后世的著作的人，何尝不是广搜异闻、博采群言，才能成一家之言，永久流传呢。

左丘明根据《春秋》撰写《左传》，涉及众多诸侯国，当时有春秋各国的史书如《周志》《晋乘》《郑书》《楚杌》等，他将其汇聚起来，合成一篇。假设只是根据鲁国史策，单纯咨询孔子，又怎能见多识广，如此广博呢？司马迁著《史记》，博采《世本》《国语》《战国策》《楚汉春秋》各种史籍。到班固写《汉书》，主要依据太史公所写汉武帝太初以前史实，太初以后的事情，则多参考刘向的《新序》《说苑》《七略》（与刘歆合著）。这些都是当时的名作，没有乖谬不正的东西，所以能取信一时，留名千载。

名言

◎多闻阙疑，慎言其余，则寡尤。多见阙殆，慎行其余，则寡悔。言寡尤，行寡悔，禄在其中矣。（春秋·孔子）

◎博学而详说之，将以反说约也。（战国·孟子）

◎珍裘以众腋成温，广厦以群材合构。（南朝梁·刘勰）

◎观天下书未遍，不得妄下雌黄。（北齐·颜之推）

◎读书破万卷，下笔如有神。（唐·杜甫）

◎五岳为辞锋，四溟作胸臆。（唐·皮日休）

◎学者不可不深思而慎取之也。（宋·王安石）

◎读万卷书，行万里路。（明·董其昌）

◎多则必不能工，即工亦不皆有用于世。（清·顾炎武）

◎板凳要坐十年冷，文章不写半句空。（当代·范文澜）

成语

◎厚积薄发：形容只有准备充分才能办好事情。

◎由博返约：指做学问从广博出发，继而务精深，最终达到简约。

◎大器晚成：越是有大才能的人通常越晚成功。

◎集腋成裘：即积少成多。

◎冰冻三尺，非一日之寒：事物所达到的程度（多指不好的严重程度），是日积月累而逐渐形成的。

◎十年磨一剑：用十年时间磨一把好剑。比喻成功要靠长时间磨炼。

第 6 课

道进乎技：把握事物的本质和规律

道进乎技：对事物本质与规律的理解与掌握超越了对技术技巧的追求。语出《庄子·养生主》："臣之所好者道矣，进乎技矣。"

金庸武学的哲学意蕴

金庸武侠小说中有许多哲理片段。

这里说一下《倚天屠龙记》中张无忌临阵学太极剑一段。

天下兵马大元帅汝阳王之女赵敏，带领大批一流高手进犯武当，且先用诡计将武学泰斗张三丰刺伤，然后再派高手来"领教"张三丰的武当绝学，以此要挟张三丰。

在这种情况之下，张无忌主动请缨迎战，这时张三丰临阵教张无忌太极剑法。

且看这一段情节：

张三丰道："老道这路太极剑法能得八臂神剑指点几招，荣宠无量。无忌，你有佩剑吗？"小昭上前几步，呈上张无忌从赵敏处取来的那柄木制假倚天剑。张三丰接在手里，笑道："是木剑？老道这不是用来画符捏诀、作法驱邪吗？"当下站起身来，左手持剑，右手捏个剑诀，双手成环，缓缓抬起，这起手式一展，跟着三环套月、大魁星、燕子抄水、左拦扫、右拦扫……

一招招地演将下来，使到五十三式"指南针"，双手同时画圆，复成第五十四式"持剑归原"。张无忌不记招式，只是细看他剑招中"神在剑先、绵绵不绝"之意。

张三丰一路剑法使完，竟无一人喝彩，各人竟皆诧异："这等慢吞吞、软绵绵的剑法，如何能用来对敌过招？"转念又想："料来张真人有意放慢了招数，好让他瞧得明白。"

只听张三丰问道："孩儿，你看清楚了没有？"张无忌道："看清楚了。"

张三丰道："都记得了没有？"张无忌道："已忘记了一小半。"张三丰道："好，那也难为了你。你自己去想想罢。"张无忌低头默想。过了一会，张三丰问道："现下怎样了？"张无忌道："已忘记了一大半。"

周颠失声叫道："糟糕！越来越忘记得多了。张真人，你这路剑法是很深奥，看一遍怎能记得？请你再使一遍给我们教主瞧瞧罢。"

张三丰微笑道："好，我再使一遍。"提剑出招，演将起来。众人只看了数招，心下大奇，原来第二次所使，和第一次使的竟然没一招相同。周颠叫道："糟糕，糟糕！这可更加叫人糊涂啦。"张三丰画剑成圈，问道："孩儿，怎样啦？"张无忌道："还有三招没忘记。"张三丰点点头，放剑归座。

张无忌在殿上缓缓踱了一个圈子，沉思半晌，又缓缓踱了半个圈子，抬起头来，满脸喜色，叫道："这我可全忘了，忘得干干净净的了。"张三丰道："不坏，不坏！忘得真快，你这就请八臂神剑指教罢！"

这一情节，可谓是奇之又奇，至少有这么几奇。第一奇：片刻之间，临阵学剑，却要对阵超一流高手。第二奇：武学绝招，秘不外传，但张三丰却当众教剑，尤其是当着对手的面。第三奇：教剑却用木剑，且剑招慢腾腾，软绵绵，全不像精妙剑法。当然最奇的是第四奇，这也是在场的人感到最惊奇的，也是金庸最想表现的，那就是：学习剑法竟是忘得越快、忘得越彻底越好，而张三丰演示的剑法前后两次竟然完全不同。

在这里，金庸先生用的是一种寓言式写法，真实的武学教学是否如此不得而知，但金庸先生意在告诉我们：武学之道，关键不在刻意模仿具体招式，而要领会某种拳法、剑法的精神，越在意具体招式，越可能妨碍对这门武学精髓的理解与体会。换言之，招式就是"术"，而本质、精髓就是"道"，拘泥于"术"，就会妨碍对"道"的理解，而真正领悟了剑道精神之后，"术"由心生，招由心发，由"道"而生之招式，才符合剑道的本质，由"道"而生之"术"，才是无往而不胜之术。张三丰之所以敢于临阵教张无忌剑法，就是基于他深信张无忌的悟性。以张无忌的武学根基，只要领悟了太极剑的本质，就会由此生出无限奇招。张三丰之所以敢于当众教剑，就在于他深知寻常学武者太过注重招式，太注重"术"，难以从"道"的角度来真正理解太极剑，即使记下几招，也毫无用处，根本不用忌讳。

"道进乎技"的武学思想，几乎贯穿了金庸武侠小说的全部，像《笑傲江湖》中风清扬教令狐冲独孤九剑，其基本思想就是"以无招破有招"，招就是"术"，无招就是超越于术的"道"，其实无招并非真的无招，但无招之招，是由道而生的千变万化之招，是随心随意随势而生之招。因而无招之招当然也就能超越有招之招了。

中国传统的道技关系

无疑，金庸先生是从道家思想得到了启发。《庄子》中，有不少类似的故事，最有名的是《庖丁解牛》。故事说，当时文惠君的手下有一个很厉害的厨师，是个宰牛高手，他宰牛的时候，你看到的简直是一场精彩的宰牛舞，他动作优雅，富有节奏感，甚至富有名曲的优美的旋律感。而他最厉害的还不是其动作的优美，而是他宰牛近二十年，只用一把刀，从来没有磨过，宰杀几千头牛，刀刃却仍然锋利无比。当文惠君问他何以能达到这样的境界时，庖丁的回答就是"臣之所好者道也，进乎技矣"。他还具体解释说，他宰牛时，"依乎天理，批大郤，导大窾，因其固然。技经肯綮之未尝"。就是说，他能找到牛的自然肌理，找到其筋骨的自然缝隙，所以能游刃有余。也就是说他掌握了"道"，即掌握了规律，所以能随心所欲、游刃有余。而那些普通的厨师，因为没有掌握牛的自然肌理，虽然说也讲究怎么用刀，怎么砍削，但总是不能游刃有余，以致每月都要换新刀。这就是"道进乎技"这个成语的由来。

在中国古代，对于"道"与"技"，"道"与"术"，一直是偏重于"道"的。

在先秦诸子中，道家对"道"的重视当然是无以复加，"道"是道家学说的最高范畴，是其核心的理念，所以，道家一开始就崇"道"抑"技"，《老子》全书这样的言论很多，如第三十七章："道常无为而无不为。侯王若能守之，万物将自化。"在老子看来，只要能守住"道"，就什么都有了。"道"能化生一切。如第十二章："五色令人目盲；五音令人耳聋；五味令人口爽；驰骋畋猎，令人心发狂；难得之货，令人行妨。"虽然这儿有点反奢侈的味道，但"五色、五音、五味"就是一种"技"的表现，老子对此充满厌恶。如第十九章："绝圣弃智，民利百倍；绝仁弃义，民复孝慈；绝巧弃利，盗贼无有。"这里的"巧"明显指的就是技巧，这里面的"智"也含有"技"的成分。如第五十七章："天下多忌讳，而民弥贫；人多利器，国家滋昏；人多伎（技）巧，奇物滋起；法令滋彰，盗贼多有。"明确反对利器、技巧。第八十章："小国寡民。使有什伯之器而不用；使民重死而不远徙；虽有舟舆，无所乘之；虽有甲兵，无所陈之。使人复结绳而用之。至治之极。甘其食，美其服，安其居，乐其俗，邻国相望，鸡犬之声相闻，民至老死不相往来。"由此可见，他明显反对一切技巧。

道家如此，儒家亦如此。孔子曾明确表示："志于道，据于德，依于仁，游于艺。"（《论述·述而》）虽然儒家的"道"与道家的"道"含义差别很大，道家之"道"侧重于规律、本质，儒家之"道"侧重于道义和正义，道家将把握事物的本质和规律摆在首位，儒家将道义和正义摆在首位，当然，儒家没有道家那么极端，孔子还强调"游于艺"，只是将其摆在末位而已。所以孔子的弟子子夏曾说："虽小道，必有可观者焉。致远恐泥，是以君子不为也。"（《论语·子张》）意思是说，即使是小的技艺，也一定有其可取之处，但对远大的事业来说，恐怕就行不通了，所以君子不从事这些小技艺，即所谓"君子不器"，知识分子的最高使命是价值的承担，而不是做一个专业技术人员。

在先秦诸子中，比较重视技艺的应该是墨家，墨子本身就是一个博学多才的能工巧匠，他通晓数学、力学、光学、声学，在机械、土木等方面有很高的造诣，能制木鸢、大车，精通木工技巧，能制造攻城的器械。他的弟子也大多是能工巧匠，如公输盘等。可惜的是，墨学衰微，在后来的中国历史进程中影响甚微。

由术而道，由道而术

上面讲先秦诸子重道、轻术，这里还涉及"道"与"术"的概念问题。其实，"道"与"术"各有其两个层面的不同含义。其第一层含义是选择题，指的是在社会生活中，在人生发展中，"道"与"术"哪个更重要。在这层含义中，"道"的意思偏重于道理、正义，"术"的意思偏重于技艺、技术、技能等。上面诸子重道轻艺、轻术，是从这个层面说的。另一层面是：在掌握一门技艺的过程中，"道"的把握与"招式"的学习，哪个更重要。在这一层面里，"道"的意思侧重于规律与本质，"术"的意思侧重于具体的招式、动作要领等。这两个层面的关联是：正是第一个层面的含义，引申出第二个层面的含义。因为在社会生活中，在人生发展中，普遍重道轻艺，将道放在特别重要的位置，由此也影响了技艺的学习。

这种观念是一把双刃剑，既有其正面的价值，更有其严重的不良影响。

我们先说不良影响。由于重道轻艺，在中国历史上，技术、艺术常被视为"奇技淫巧"，常遭贬斥，技术人才不被重视，甚至始终处在社会的底层，这严重影响了科技的发展。由此导致一部中华文化史主要是一部道德哲学史，科技明显不足。

但是，它也有它的价值。一方面，它使得国人非常重视个人的品德修养，另一更重要的方面是，它告诉我们，到底怎样才能真正掌握一门技艺，在我们平时的工作中，采用怎样的方法、措施才能使工作更有价值。古人的"道进乎技"能给我们非常有益的启示。这个启示就是"由术而道，由道而术"。

所谓"由术而道"，就是说，我们对"道"的掌握，必须从具体的"术"开始。人总是在对具体技艺的学习中，在具体的招式动作的练习中去体悟事物的本质和规律，否则，坐而论道，是不可能真正掌握它的。所以，庄子在《天地》篇中说："能有所艺者，技也。""道"存乎"技"中，甚至，"道在屎溺"，这世界没有脱离技艺的道。另一方面，"由术而道"还告诉我们，在技艺、招式的学习中，我们不能为其所困，要努力往道的层面去领悟，才能进入更高的境界，这种境界就是庄子所谓的"逍遥游"的境界。在具体的工作和平时的管理中，也是如此，我们必须充分重视工作中的一些具体的措施、方法与细节，从其入手，才能产生效果，不能只是坐而论道，不着边际。

而所谓"由道而术"，解决的是怎样才能更好地发展自己的技艺，使我们的工作更上一层楼。真正高超的技艺，往往是真正领悟了事物的本质和规律而超越了具体的招式的技艺。《庄子》中有这样一个故事：有一个做车轮的著名木匠，七十多岁了还在辛苦地劳作。他的儿子无法继承他的手艺，他也无法将自己的手艺传给自己的儿子，因为在他看来，真正具体的手艺是很难学到的，关键是学习者要在具体的实践中去领悟这手艺的实质，掌握手艺的基本规律。一旦掌握了规律，就可以随心所欲、得心应手，招招式式有如神助。

前面所讲的张无忌练太极剑和令狐冲练独孤九剑，就是如此。一个人的成功，仅有汗水是不够的，必须悟道，即领悟事物的真谛，把握事物的规律。为什么同门学艺，同样勤学苦练，有的人总是难以突破，有的人却成就非凡？原因就在于，难以突破者，往往是困于"术"，而成就非凡者往往是成功的悟"道"者。同样，在实际的工作中，我们的辛勤付出往往不见得有很好的回报，如果我们反思，我们的方法是否太机械？是否太烦琐？是否符合规律？这样的反思，实际上是回到"道"的层面来审视我们的"术"，当我们真正理解了事物的本质，明确了自己的目标，把握了事物的规律，并由此而总结出相关的方法、措施、行为，就会无往而不利。

撷英掇华

原典

庖丁解牛

庖丁为文惠君解牛①，手之所触，肩之所倚，足之所履，膝之所踦②，砉然向然，奏刀騞然③，莫不中音④。合于《桑林》之舞，乃中《经首》之会⑤。

文惠君曰："嘻，善哉！技盖⑥至此乎？"

庖丁释刀对曰："臣之所好者道也，进⑦乎技矣。始臣之解牛之时，所见无非牛者。三年之后，未尝见全牛也。方今之时，臣以神遇而不以目视，官知止而神欲行⑧。依乎天理，批大郤，导大窾，因其固然⑨。技经肯綮之未尝，而况大軱乎⑩！良庖岁更刀，割也；族庖月更刀，折也⑪。今臣之刀十九年矣，所解数千牛矣，而刀刃若新发于硎⑫。彼节者有间⑬，而刀刃者无厚；以无厚入有间，恢恢乎⑭其于游刃必有余地矣，是以十九年而刀刃若新发于硎。虽然，每至于族⑮，吾见其难为，怵然⑯为戒，视为止，行为迟。动刀甚微，謋然已解⑰，如土委地。提刀而立，为之四顾，为之踌躇满志，善⑱刀而藏之。"

文惠君曰："善哉，吾闻庖丁之言，得养生焉。"（《庄子·养生主》）

①庖丁：名丁的厨工。文惠君：即梁惠王。②踦（yǐ）：用膝盖顶住。③砉（huā）然：皮骨相离声。騞（huō）然：比砉然更大的进刀解牛之声。④中音：符合音乐的节奏。⑤《桑林》：传说中商汤王乐曲名。《经首》：传说中尧乐曲《咸池》中的一章。会：音节。⑥盖：同"盍"，即"何"。⑦进：超过。⑧官知：视觉。神欲：精神活动。⑨天理：牛的自然肌理。批：击，劈开。郤：同"隙"。导：顺着。窾（kuǎn）：骨节空穴处。因：依。固然：牛体本来的结构。⑩技经：经络。技："枝"字之误，指支脉。肯：紧附在骨上的肉。綮（qìng）：筋肉聚结处。軱（gū）：股部的大骨。⑪割：指生割硬砍。族：众，一般的。折：用刀折骨。⑫发：出。硎（xíng）：磨刀石。⑬节：骨节。间：间隙。⑭恢恢乎：宽绰的样子。⑮族：

筋骨交错聚结处。⑯怵（chù）然：警惧的样子。⑰谍（huò）然已解：指牛体骨肉快速分离。⑱善：拭。

文本大意 庖丁给梁惠王宰牛。手触之处，肩靠之处，脚踩之处，膝顶之处，哗哗作响，进刀时霍霍作响，没有不合音律之处：合乎《桑林》舞的节拍，又合乎《经首》曲的节奏。

梁惠王说："嘻，好啊！你的技术怎么能高超到这种程度呢？"

庖丁放下刀回答说："我追求的是道，已经超过一般的技术了。起初我宰牛的时候，眼里看到的是一头完整的牛；三年以后，看到的就不再是完整的牛了。现在，我凭精神和牛接触，而不用眼睛去看，感官停止了而精神在活动。依照牛生理上的天然结构，进入牛体筋骨相接的缝隙，顺着骨节间的空处进刀，依照牛体本来的构造。我的刀甚至连筋脉经络相连的地方和筋骨结合的地方都没碰到过，更何况大骨呢！好厨师每年换一把刀，是割筋割坏的；一般厨师每月换一把刀，是砍骨头砍坏的。如今，我的刀用了十九年，宰牛几千头，但刀刃锋利得就像刚在磨刀石上磨好一样。那牛的骨节有间隙，而刀刃很薄；用很薄的刀刃进入有空隙的骨节，宽绰得很，刀刃的运转游走必然有余地啊！因此，十九年来，刀刃还像刚从磨刀石上磨出来一样。即使是这样，每当碰到筋骨交错聚结的地方，我看到那里很难下刀，总会小心翼翼，全身戒备，视力集中一点，动作缓慢下来，动起刀来非常轻，牛的骨和肉一下子就解开了，就像泥土散落在地上一样。我提着刀站起来，为此举目四望，为此悠然自得，心满意足，然后把刀擦抹干净，收藏起来。"

梁惠王说："好啊！我听了庖丁的这番话，懂得养生的道理了。"

名言

◎绝圣弃智，民利百倍；绝仁弃义，民复孝慈；绝巧弃利，盗贼无有。（春秋·老子）

◎天下多忌讳，而民弥贫；人多利器，国家滋昏；人多伎（技）巧，奇物滋起；法令滋彰，盗贼多有（春秋·老子）

◎志于道，据于德，依于仁，游于艺。（春秋·孔子）

◎从心所欲不逾矩。（春秋·孔子）

◎虽小道，必有可观者焉。致远恐泥，是以君子不为也。（春秋·子夏）

◎臣之所好者道也，进乎技矣。（战国·庖丁）

◎能有所艺者，技也。（战国·庄子）

◎书道玄妙，心资神遇，不可以力求。（唐·虞世南）

◎大略如行云流水，初无定质，但常行于所当行，常止于所不可不止，文理自然，姿态横生。（宋·苏轼）

成语

◎官止神行：因对某一事物有透彻的了解，便能不用眼睛看，只凭潜意识去做某种活动。

◎胸有成竹：画竹子时要在心里有一幅竹子的形象。后指做事之前已经有了主意或把握。

◎得心应手：因熟练掌握而心手相应，运用自如。

◎游刃有余：把握了规律，技术熟练，解决问题丝毫不费力。

◎奇技淫（多余）巧：古代指过于奇巧、让人着迷，却又无益的技艺与制品。

第 7 课

文以明道：文道制衡，维系文学的健康发展

文以明道，指文章不仅要有文采、情韵之美，还必须说明道理，弘扬精神，有益世道人心。语出柳宗元《答韦中立论师道书》："始吾幼且少，为文章以辞为工。及长，乃知文者以明道。"

文以明道的历史源流

文与道的关系一直是中国文人非常关注的问题，甚至由此形成了长期的论争，而其主流声音，则是文以明道。

文以明道，最早可以追溯到孔子。孔子首倡"文质彬彬"的君子人格与"尽善尽美"的审美标准，这其中就隐伏着文与道的思考。而孔子关于文学与文章的观点，最直接的有两个，一个是"诗无邪"，一个是"兴观群怨"。他说："诗可以兴，可以观，可以群，可以怨。迩之事父，远之事君，多识于鸟兽草木之名。"他强调诗歌的社会功利价值，强调诗歌的认识、教育、审美价值。《毛诗序》则进一步将诗歌与政教联系起来，认为诗歌可以"经夫妇，成孝敬，厚人伦，美教化，移风俗"。

最先直接涉及文道关系的是荀子。荀子说："圣人也者，道之管也……故《诗》《书》《礼》《乐》之道归是矣。"他认为《诗经》《尚书》《礼记》《乐经》就是在阐述圣人之道。他提出"心合于道，说合于心，辞合于说"，强调言辞"合道"。汉代扬雄提出"遵道"，遵循自然之道，体现自然之道。三国曹丕提出"文章经国之大业，不朽之盛事"，暗含文学文章要阐述治国之大道。

南朝梁时代的刘勰，系统考察了文道关系，视道为文学创作的源泉，视文为道的体现，认为一切人文典籍"莫不原道心以敷章"，提出"道沿圣以垂文，圣因文而明道"，明确提出了"明道"的主张。

中唐韩愈柳宗元发起古文运动，并直接提出"文以贯道"和"文以明道"。韩愈一生有志于古文，但他明确表示，不唯好其辞，也好其道。他的门人李汉在为韩愈文集作序时将韩愈的文学主张概括为"文者，贯道之器也"。柳宗元在《答韦中立论师道书》中说："始吾幼且少，为文章以辞为工。及长，乃知文者以明道。""文以明道"成为唐宋古文运动的纲领。而在同一时期，白居易在诗歌领域发起新乐府运动，提出"文章合为时而著，歌诗合为事而作"，强调文学的社会功用。

中国智慧
写给中学生的18堂国学文艺课

宋代的古文作家如欧阳修、苏轼等，基本沿袭韩柳的文道主张。宋代理学家则从"文以明道"，走向了"文以载道"，高扬"道"的大旗。周敦颐说，"文所以载道也"，"文辞，艺也，道德，实也"，"不知务道德而第（只）以文辞为能者，艺焉而已"。之后的程颢、程颐甚至将文与道对立起来，认为"作文害道"，走向了偏激的一端。南宋朱熹认为"道外无物"，"道者，文之根本；文者，道之枝叶"，文不离道，道是内容，文是形式，相对客观辩证。但从目的而言，他也是将"文"视作"道"的附庸，还是有理学家排斥纯文学的偏见。

　　明末清初思想家黄宗羲、顾炎武等人承继反理学思潮，但基于其经世致用的思想，同样主张文章要明道致用。黄宗羲说："文之美恶，视道合离。"顾炎武认为文章"明道也，纪政事也，察民隐也，乐道人之善也"，所以，"文须有益于天下"，他甚至说，"凡文之不关乎六经之指、当世之务者，一切不为"。他特别推崇韩愈《原道》《原毁》之类的明道弘文，认为从这些弘道雄文看，韩愈简直就是文章北斗。

　　到清中期的章学诚，对文道论争做了系统总结，他认为文辞是载道之器，"故溺于文辞者，不足与言文也"。另一方面，他更认为，如果认为文章要明道于是就不需要文采，那是根本不懂什么叫"道"，就是说，"道"与"文采"并不矛盾，所以，他说，"经传圣贤之言，未尝不以文为贵也"，"文不备，则理不明也"。他是典型的文道统一论者。后来以道统自任的桐城派，则提出了"义理、考据与辞章"三者并重。

　　从上述回顾可以看出，各家所说的"道"含义复杂。荀子的道是礼法之道，扬雄的是自然之道，刘勰和韩愈的是儒道，柳宗元的是治世之道，周敦颐等理学家的道既是儒道，更含道德之道。顾炎武、黄宗羲的道固然有儒道成分，但更多的是治世之道、救国之道；章学诚的是实际之道、时代之道；桐城派的"义理"，又多是儒家之道。

文道观念的文化原因

"文以明道"文学观产生的历史文化原因,主要有以下两点:

一是经世致用的文化传统。

在讨论"经世致用"时,我们详细介绍过华夏民族经世致用的文化学术传统。世界文化应该都是从实用开始的,只是在后来的发展过程中,我们一直坚执这种实用理性,始终走了一条实用的路线。先秦诸子中,老子不屑于做精细的学问研究,留下五千言,都是抽象化的哲学思考。而从孔子开始,关注的都是国计民生、治国理政、济世安民,一切与此无涉者,都不在其考虑范围。所以,我们民族缺少做纯粹的学问与艺术的传统。而作为主流文化的儒学,始终以经世致用为传统,后来儒学分化为内圣外王两派,外王自然是经世致用,内圣也是从经世致用出发的。所以中国文人评判事物的标准,就是其社会功利性。很少有士大夫把自己看成纯粹的文学艺术家,也几乎都耻于做一个纯粹的文学家、艺术家,他们更愿把目光投向社会现实。

二是"道统"的建构与传承。

在讨论"四为之志"时,我们分析了中国知识分子那种天然的使命感。先秦诸子为天下而奔走,孟子说:"如欲平治天下,当今之世,舍我其谁也?"张载提出"四为之志",东林党人说:"风声、雨声、读书声,声声入耳;家事、国事、天下事,事事关心。"这都表明中国知识分子是以天下为己任的。而中国知识分子的这种使命感,又集中体现在道统的构建与传承上。自老子以"道"为世界的本源,中国人就开始了"道统"的构建,不断探索自然之道、人伦之道、治国之道、人生之道。中国哲学本质上就是"道学"。孔子痴迷于"闻道"——"朝闻道,夕死可矣",要求士子们"志于道",以"弘道"为己任。曾参谓弘道之业"任重而道远"。孟子自认为是孔子继承者,他初步勾画出由尧舜至汤、由汤至文王、由文王至孔子的道统图。张载说,"为天地立心,为生民立命,为往圣继绝学,为万世开太平",前面的"三为",

就是构建并继承道统。

中国知识分子的道统追求，基于三个方面的需要。

一是自我精神世界构建的需要。中国社会一直没有形成成熟的宗教信仰，对道的不懈追求就成了知识分子的精神信仰。所以，孔子说"朝闻道，夕死可矣"。张载说"为天地立心"，其实，为天地立心，未尝不是为自我立心，寻找自我的安身立命之所。

二是儒者社会责任与社会良心的需要。由于宗教的缺位，政治的强势，而政治又难免总是"城头变幻大王旗"，使得整个社会缺少一以贯之的精神引领。张载的"为生民立命"，就是要为大众寻找安身立命之所，铸造精神的家园。中国知识分子的"独善"是不失自己的精神信仰，而"兼济"，并非一般的乐善好施，更主要是精神的引领和灵魂的安顿。而无论独善还是兼济，基本点都是"道"，就是要以道确立自身乃至民众的人生信仰和行为准则，并不断修正其人生观、价值观，从而构建真善美的心灵世界。

其三，中国政治基本上是大一统的中央集权制，君王拥有无上的权力和权威，如何给绝对的君权以一定方式的制约，成为中国知识分子当仁不让的历史责任。孔子倡导"为政以德"，正人先正己，但道德的约束力总是很弱。秦始皇开创帝制，走向绝对君权，君权就更肆无忌惮。汉代董仲舒便搬出"上天"，试图用"屈君申天"来约束君权，但天是虚构的，当然没有真正的约束力。唐宋文人尤其是宋代理学家便用"道"来"正君心"，重提孟子的"格君心之非"，企图"正心以正朝廷"。知识分子最终试图建立一个超越君权、凌驾于"政统"之上的"道统"来形成对君权的制衡。

所以，中国知识分子热衷于道，视道为无上权威。几乎所有文学家既是文学的创作者和政治的参与者，又是道的思考者、探索者和表达者。中国理论家最喜欢写的一个题目就是"原道"，而且大多成了名篇。刘勰《文心雕龙》以"原道"开篇，以道为全书立论之基。韩愈撰《原道》，构建道统，认为"斯吾所谓道也，非向所谓老与佛之道也。

尧以是传之舜，舜以是传之汤，汤以是传之文、武、周公，文、武、周公以是传之孔子，孔子传之孟轲，轲之死，不得其传焉"。清代章学诚《文史通义》连续写下《原道》上中下三篇，近七千字。

这两个传统的结合，形成了中国文化的两个特色：

第一个特色是重道轻术。 在讨论"道进乎技"时，我们曾指出，中国古代对于"道"与"技"或"道"与"术"，一直偏重于"道"。道家以"道"构建其理论大厦，自然崇"道"抑"技"，要求绝巧弃利。儒家则要求"志于道"，认为"君子不器"，而文学、文章自然属于"术"与"器"。孔子说，"行有余力，则以学文"。所以，连扬雄、曹植这样的文学天才，都视文字技巧为"雕虫小技"。扬雄《法言》记载，曾有人说起他"少而好赋"，他竟然感到难为情，认为只是"童子雕虫篆刻"，"壮夫不为也"。曹植向朋友写信时也表示："辞赋小道，固未足以揄扬大义。"由此生出道学家"作文害道"的极端之说，就不奇怪了。

由此形成了中国文化的第二个特色，那就是对形式主义的天然反感。 在讨论"文质彬彬"时，我们指出，在文与质的关系上，中国文化分为两派，一派是道墨法三家重质轻文，甚至反文；一派是相对中和理性的儒家，基本能文质兼顾，但还是以质为先，以质为重。这样两派的合力，使得形式主义一露头就遭到猛击。而批判形式主义的主要工具就是"道"，或者儒家之道，或者自然之道，或者经世致用之道。文以明道发展脉络的几个重要节点，都是以反形式主义为背景的。刘勰的明道，基于反齐梁的绮丽文风，韩柳古文运动的明道，白居易新乐府运动的"为时、为事"也是基于反对中唐乃至齐梁以来的形式主义文风，柳宗元之所以提出"文以明道"，就是因为"不苟为炳炳烺烺，务采色，夸声音而以为能也"。

中国文学的自我修复

文以明道一直是中国文学的主流声音，但宋以后又对此一直争议不断。刘勰之前的作家、批评家，包括刘勰本人，都能比较辩证地看待文道关系，可能是齐梁至初唐的文坛绮靡之风太盛，初唐的陈子昂和盛唐的柳冕都极力反对这种绮靡的文风，至韩愈、柳宗元高倡"文以明道"，嗣后，"文""道"的天平则逐渐向"载道"倾斜，到宋代理学达于极盛。由此也就带来了文学史上的文道之争。

如何看待中国历史上的文道之争？

首先，必须充分肯定"文以明道"的历史价值。中国历代的文学家正是秉持着文以明道的理念，反对为文而文，反对言之无物，反对远离现实的无病呻吟，重视作家的道德人品和社会良心，重视文学文章的正能量，追求人品与文品、道义与文章、内容与形式的完美统一，确保了文学发展大方向的正确性，由此形成了中国文学乃至文化的优良传统和鲜明的民族特色。

其次，倡导文以明道，除了宋代个别理学家比较极端外，其主流并没有忽视文学的审美功能。一方面，文以明道虽然也会影响到诗歌等，但文学家理论家往往认为诗文有别，"诗有别才，非关书也；诗有别趣，非关理也"（严羽《沧浪诗话》）。相比较而言，在诗歌方面，则比较重视其审美功能，倡导言志与抒情。文明道、诗言志、诗缘情，成为中国文学并行不悖的三条主线。另一方面，即使对于文章，也并不否定其审美功能。孔子说："言之无文，行而不远。"曹丕认为"诗赋欲丽"，陆机《文赋》提出"诗缘情而绮靡，赋体物而浏亮"，刘勰的《文心雕龙》则对文学之美做了充分的研究。而倡导文以明道的文人，实际上都是文章大家、著名诗人，或者是治学严谨的理论家。扬雄、韩愈、柳宗元以及唐宋古文运动诸家，无不是文章圣手，提倡诗文"为时为事"的白居易是伟大的诗人，刘勰是中国古代最伟大的文学批评家，即使如二程、朱熹，也都是不错的诗人。这些人本身深谙为文之道，写作态度严谨，非常重视文学技巧。他们以其笔底"明道"的诗文，书写心志和情感，描绘现实和人生，表达其对宇宙、人生、社会的深切感悟与思考，将诗文玩到了极致，反而文以明道的反对者们却很少能达到他们的高度。

第三，文道之争，使中国文学具有了一种发展方向上的自我矫正与自我修复的功能。

"文以明道"的观念始终与反形式主义和经世致用相关联。在形式主义猖獗，或国家、民族危亡的关头，文学家理论家就会高倡文以明道。齐梁文风绮靡，过分追求骈偶声律，魏徵称其为"亡国之音"，于是先有刘勰要求文章文学要明道、宗经、征圣，继有李谔、王通等强调以"道"来规约文章文学。初唐文坛受宫体影响，内容多风花雪月，"四杰"便倡导"甄明大义"，重视风雅比兴。中唐遥应齐梁和初唐巧艳文风，不复有盛唐气概，韩愈、柳宗元起而高举明道的大旗；明清之际，民族危亡，黄宗羲、顾炎武等高倡经世致用，指出"凡文之不关乎六经之指、当世之务者，一切不为"。

同样，在反形式主义，强调文以明道甚至文以载道之时，往往又可能矫枉过正，不适当地抬高了文学的地位，限制了作家的创作自由，导致文学的枯燥教化，甚至成为政治的传声筒，从而削弱了其审美怡悦、消遣娱乐、熏染陶冶的功能，最终钳制了想象，限制了纯文学的充分发展。这时，文学理论家们往往重提"诗缘情""诗赋欲丽"的传统，对"文以明道"说提出一定质疑，如明中叶的复古派、童心说，清代的性灵说、神韵说等都是如此。晚清末年，八股猖獗，文坛不复有生气，王国维、胡适、周作人、刘半农等起而反对载道文学，认为情感是文学的灵魂。这也是在起而纠偏。

撷英掇华

原典

始吾幼且少，为文章，以辞为工①。及长，乃知文者以明道，是固不苟为炳炳烺烺②，务采色③，夸声音④而以为能也。凡吾所陈，皆自谓近道，而不知道之果近乎？远乎？吾子好道而可吾文，或者其于道不远矣。故吾每为文章，未尝敢以轻心掉之，惧其剽而不留⑤也；未尝敢以怠心易之⑥，惧其弛而不严也；未尝敢以昏气⑦出之，惧其昧没⑧而杂也；未尝敢以矜气⑨作之，惧其偃蹇⑩而骄也。抑之欲其奥⑪，扬⑫之欲其明，疏之欲其通，廉之欲其节⑬；激⑭而发之欲其清，固⑮而存之欲其重，此吾所以羽翼⑯夫道也。（柳宗元《答韦中立论师道书》⑰）

①辞：辞藻。工：工巧、精美。②炳炳烺烺：指文辞优美，光彩照人。③务采色：致力于文章的辞藻、色彩。④声音：文章声韵。⑤剽而不留：轻浮而没有根底。剽：轻浮，轻薄。⑥以怠心易之：以懈怠的态度敷衍了事。⑦昏气：指头脑昏乱。⑧昧没：指文章的意思表达不明确。⑨矜气：自高自大。⑩偃蹇：骄傲不恭。⑪抑：抑制，含蓄。奥：古奥，深刻。⑫扬：发挥，尽情挥洒。⑬廉：节制，适可而止。节：简洁。⑭激：指抒情、议论时激昂的态度。⑮固：指说理、论证稳妥。⑯羽翼：辅佐、维护的意思。⑰元和八年（813年），韦中立写信向柳宗元求教作文之道，这是柳宗元的回信。

文本大意 当初我年轻又见识少，写文章时把文辞漂亮当作工巧。等到年纪大一些，才知道文章是用来阐明道的，因此不再轻率地讲究形式的美观，不再追求辞采的华美，不再炫耀声韵的铿锵，也不再把这些当作自己的才能了。凡是我所呈给您看的文章，都自认为接近于道，但不知道果真离道近还是远。您喜爱道而又赞许我的文章，这说明我的这些文章也许离道不远了。所以，每当我写文章的时候，从来不敢掉以轻心，恐怕文章浮滑而不深刻；从来不敢偷懒取巧敷衍了事，恐怕文章松散而不严谨；从来不敢用糊涂不清的态度去写作，恐怕文章晦涩而又杂乱；从来不敢用骄傲的心理去写作，恐怕文章盛气凌人而又狂妄。加以抑制是希望文意含蓄，进行发挥是希望语意明快；进行疏导是希望文气流畅，加以精简是希望文辞凝练；别除污浊是希望语言清雅，凝聚文气是希望风格庄重。这就是我用文章来辅佐道的方法。

《 名言 》

◎故正得失，动天地，感鬼神，莫近于诗。先王以是经夫妇，成孝敬，厚人伦，美教化，移风俗。(《毛诗序》)

◎文章经国之大业，不朽之盛事。(三国·曹丕)

◎道沿圣以垂文，圣因文而明道。(南朝梁·刘勰)

◎文者，贯道之器也。(唐·韩愈)

◎始吾幼且少，为文章以辞为工。及长，乃知文者以明道。(唐·柳宗元)

◎文章合为时而著，歌诗合为事而作。(唐·白居易)

◎文所以载道也。(宋·周敦颐)

◎不知务道德而第（只）以文辞为能者，艺焉而已。(宋·周敦颐)。

◎道者，文之根本；文者，道之枝叶。(宋·朱熹)

◎文不备，则理不明。(清·章学诚)

《 成语 》

◎文以载道：文章是为了说明道理、弘扬精神的。

◎经国大业：指文章有治理国家的伟大作用。

◎素王之业：孔子作《春秋》，虽无王位却有王者之道、王者之德，故被称为素王之业。

◎论道经邦：研究治国之道，以经营治理国家。

◎文如其人：指文章风格同作者的思想风格相似，也指文章必然反映作者的思想、立场和世界观。

◎雕虫小技：比喻微不足道的技能，多指文字技巧。

第 8 课

春秋笔法：真善美结合的倒金字塔

春秋笔法：孔子首创的在叙述历史时用笔曲折而意含褒贬的写作手法，常以一字立褒贬，不发议论而将褒贬寓于叙事之中，简练而含蓄。亦称"微言大义"。语出宋代俞文豹《吹剑录》："朱文公《通鉴纲目》以正名为先……盖纯用春秋笔法也。"

春秋笔法是孔子在修订鲁国史书《春秋》时体现的一种史书写作手法。《左传》曾经用五个短语来说明这种手法："微而显，志而晦，婉而成章，尽而不汙，惩恶而劝善。"意思是说，用词不多而含义明显，文字简约而含蓄隐晦，有所避讳却能文意畅达，据史实而又不加掩饰，惩恶扬善又能弘扬礼法。这种手法后来被学者们不断放大，使其由史书的一种写作手法，关联到经学、史学、文学、修辞学、新闻学等多个学科，对中国文化产生了重要影响。

弘扬礼法，惩恶扬善的"善"的价值立场

孔子修订《春秋》，目的在弘扬封建礼法、惩恶扬善。

例如，公元前517年，卫国发生了一起叛乱。卫灵公之兄公孟絷非常讨厌司寇齐豹，对他冷眼相向，恶语相加，后又革其官职，夺其封地。齐豹也因此对公孟絷怀恨在心，便联合几个大臣发动叛乱，杀死了公孟絷。

对这件事，孔子是这么记录的："盗杀卫侯之兄絷。"意思是强盗杀死了卫灵公之兄公孟絷。

请注意，按照孔子《春秋》的叙事惯例，对于卿一级的当权者，都要写其名和姓氏。齐豹本是卫国国卿，史书涉及他时一般应书其名。但齐豹是因为不满卫灵公之兄公孟絷，起而杀之，想求一个不畏强权之名。孔子便打破叙事惯例，没写齐豹的姓名职位，而是直接称之为"盗"，以表明对他这种犯上恶行的极度贬斥，意思是：你想留名，我偏不让你留名。

再看看下面三句叙事：

襄公二十一年，"邾庶其以漆、闾丘来奔"（邾国的庶其带着漆地和闾丘逃亡而来）。

昭公五年，"莒（jǔ）牟夷以牟娄及防、兹来奔"（莒国的牟夷带了牟娄和防地、兹地逃亡而来）。

昭公三十一年，"邾黑肱以滥来奔"（邾国的黑肱带着滥地逃亡而来）。

这三句叙事有什么讲究呢？原来，《春秋》写人，如果这人地位不是卿一级以上，照例不书其名。这三句话中的邾庶其、莒牟夷、邾黑肱三人，都是小国之臣，并不是卿，按理是不写其名的。但这三人带着土地出逃，目的不在求名，只是贪利贪生。孔子为了贬斥这种贪利贪生的恶行，特地写出他们的名，让其恶名遗臭万年。齐豹想以恶行求名，孔子故意让其名消失不写；另外三人只是以恶行贪利贪生，不想求名，孔子却让其臭名远扬。

再看这一句：

庄公二十五年，"陈侯使女叔来聘"（陈国国君派女叔来鲁国访问）。

女叔是陈国的国卿，"女"是其姓氏，"叔"是他的字。《春秋》惯例，称卿的名，是一般的称呼，称字，表示嘉许。女叔来鲁国访问，是陈鲁两国友好的开始，是好事，所以孔子称女叔的"字"以示嘉许。

这就是孔子惩恶扬善的"春秋笔法"。孔子作《春秋》，"善褒贬，别善恶"，对人们的行为进行道德评价，目的有二：一是警告后世的乱臣贼子们不要作恶，所谓"孔子作《春秋》，乱臣贼子惧"。二是称许那些从善如流、令人尊敬的人，树立学习榜样。胡适先生说："孔老先生……他恨极了当时的乱臣贼子，却又'手无斧柯，奈龟山何'！所以他只好作一部《春秋》来褒贬他们，'一字之贬，严于斧钺'，'一字之褒，荣于华衮'。"当时的国君、大夫得《春秋》一字之褒者，其荣过于天子之命服，得《春秋》一字之贬者，其辱过于天子之刑戮。

这一劝善惩恶的传统使中国文人具有了一种弘扬正能量的价值使命，给中国的文章文学确定了"劝善惩恶"的基本价值取向，让国人为文叙事，爱憎分明，喜做道德评判。这也是中国文化以"求善"为基本宗旨的伦理型文化的重要表现。

但它也带来了问题。一是为文者主题先行，价值为先。为了彰显这些价值观念，作者便在选材上先入为主，有意遗漏不符合自己价值取向的历史事实，有时不惜使用"曲笔"，为尊者讳，更改事实叙述，甚至违背了实录与直书的原则。二是作者以自己拘于礼法的价值评判，代替了读者自己的评判，或者将自己的道德理解强加给读者，于是总有道德说教的意味。

微言大义，尚简用晦的"美"的言语模式

　　春秋笔法，最为人称道的是其语言表达方式（或者叫叙事智慧）。

　　孔子作《春秋》，用于记事的语言极为简练、平淡，没有任何直接的评价语，然而在这样的语句背后，却隐含着价值判断，传达出历史法庭的冷冷寒意。

　　晋代杜预为《春秋》作注说："《春秋》虽以一字为褒贬，然皆须数句以成言。"《春秋》一书不过一万六千余字，左丘明写《左传》为还原其所叙历史的具体情境，用了十九万多字。

　　如《左传》名篇《郑伯克段于鄢》，《春秋》中只有六个字："郑伯克段于鄢。"可别看轻这六个字，其中可暗含了作者的伦理价值判断和复杂的情感态度。这段历史的一方是共叔段，是臣子，又是弟弟，却要谋反；另一方郑庄公，既是国君，也是哥哥，平定既是弟弟又是臣子的共叔段的叛乱。据康有为考证，《春秋》原文本来是"郑伯杀其弟段"，孔子删掉了"弟"字，将"杀"字改成"克"。这样，不称共叔段为"弟"，不称郑伯的国君身份"庄公"，却以"郑伯"点明其"郑家大哥"身份；平定叛乱，不用"讨伐"这一类的"正义性"动词而用"克"字。这种叙述中隐含的价值判断是：共叔段不遵守做弟弟的本分，贪得无厌，企图造反，所以他不配称弟弟；郑伯作为长兄却没有尽到长兄的教导责任，反而故意设计纵容弟弟，这是不教而诛。兄弟俩如同两个国君一样争斗，所以用"克"字；赶走共叔段是出于郑

庄公的本意，不写共叔段自动出奔，隐含责难郑伯逼走共叔段之意。康有为说："一字兼数义，如此贬兄之恶，贬弟之逆，一字真严于斧钺。"

《春秋》一书，字里行间都隐含着褒贬之意，如同样杀人，就有"杀、诛、弑"等不同的字眼，杀无罪者曰"杀"，杀有罪者曰"诛"，下杀上曰"弑"。同样是打仗，天子攻诸侯，有道攻无道，曰"征"；宣布罪行、攻击无道曰"讨"；公开宣战曰"伐"；不宣而战、侵犯别人曰"侵"；乘人不备、偷偷进攻曰"袭"；一般攻打、战胜曰"克"。

其实，孔子所作《春秋》只是历史事件的"目录"而已，对其没有办法做太多陈述和评价，只能采用这种以"一字立褒贬"的简约方式，但却由此形成了一种在简单叙述中处处隐含伦理道德评价和深刻微妙的情感态度的写法，就是所谓"春秋笔法"。自《春秋》兴褒贬臧否之法开始，劝诫、规谏即成为中国史学之定法，不仅成为中国史学的传统，也成为中国文化的叙事传统。由此形成了这样一系列的说法，如微言大义（语言精当而含义深远，道理深刻）、一字褒贬（笔法谨严，一字即含有褒贬之意）、皮里春秋（藏在心中不说出来的评论）、不赞一词（文章写得太好，语言精当，别人无法多添一句话）等。

这是一种叙事的传统，这种叙事传统恰与我国古代的抒情传统高度一致。中国古代的抒情文学有比兴寄托的《诗经》传统和香草美人的《离骚》传统，其基本精神都是将具体的情感态度隐藏于具象的事实情境之中。

这是中国人特殊的言语模式，一种寄托于具象、不显山不露水的言语模式，一种言辞简约而含义深邃的言语模式，是一种耐人咀嚼的模式，是中国人特有的一种审美追求。

中国古代小说很少有人物心理描写，作者多站在客观或者说是讲故事的角度进行描写，甚少加进主观意见。《红楼梦》就深得春秋笔法的精髓。如写秦可卿之死，主要写公公贾珍痛哭媳妇，要觅得好棺材，要讨封诰命夫人，请众多僧道作法，丧礼恣意奢华，唯独不写其丈夫贾蓉的痛苦。这样隐晦的叙述，隐含了作者诸多想说而未说的意思。

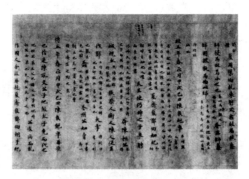

《春秋》书影（唐代手抄本）

湘君湘夫人图轴（文徵明 绘）

中国诗歌叙事也喜微言大义。如金昌绪的《春怨》："打起黄莺儿，莫教枝上啼。啼时惊妾梦，不得到辽西。"闺中怨妇要打树上的黄莺儿，埋怨其歌声惊扰了她的美梦。诗歌到底想说什么？仅仅是个春梦吗？诗题为"春怨"，到底怨什么？那个梦的情景与内涵是什么？作者全都留给读者去思索、想象。篇中曲曲折折，全在那个梦，那个"辽西"的梦。"辽西"者，夫君戍边所在地也。

鲁迅先生特善于使用这种"春秋笔法"。例如，他的《记念刘和珍君》，写刘和珍中弹，有这样一句描写："从背部入，斜穿心肺。"一个"背"，一个"斜"，隐含了太多东西。读者不妨想想，为什么子弹从背部入？说明敌人是从后面开枪，是偷袭，是在刘和珍对其没有任何威胁的情况下开的枪。为什么是斜穿心肺？说明子弹是从上方射入，说明枪手是在很高的地方，从而说明官方为对付这些手无寸铁的学生竟然事先在高处埋伏了准备狙击的枪手。但是，这些，作者都没明说，只用一个"背"字、一个"斜"字，全部信息就都隐含其中了。

据礼直书，曲直结合的"真"的有限追求

中国史学自古就有直书的传统，古代史官以秉笔直书为己任。

早在公元前722年，就有一个著名的直书的故事，叫"董狐之笔"。

春秋时期，晋灵公非常残暴，常以杀人取乐，大臣相继进谏，先后被杀。大臣赵盾进谏后，晋灵公多次派人去斩杀他，赵盾的忠诚感动了晋灵公派出去的杀手和兵士，不少兵士反过来掩护赵盾逃走，后来赵盾被迫逃亡，但在他逃走之后，他的堂兄弟赵穿率兵杀死晋灵公。可是史官董狐在书写这段历史的时候，写的竟然是"赵盾弑其君"。赵盾大呼冤枉，但是董狐却说出了他的道理：作为晋国大臣，逃跑后的赵盾还没走出国境，那就还是本国的臣子，回来之后却不去

讨伐弑君的赵穿，当然要承担弑君的罪名。

两百年后的孔子对董狐的这一做法深表赞同，认为董狐是古代的良史，说他记录历史敢于坚持原则，称之为"董狐之笔"。孔子为什么赞赏董狐？在孔子看来，董狐就是根据君臣之礼的基本原则来"直书"其事的。所以后来孔子在修订《春秋》时，就保留了董狐的记叙："晋赵盾弑其君夷皋。"

春秋后期齐国有个叫崔杼（zhù）的，是齐国大夫，为齐国执政，为人骄横。国君齐庄公与他妻子私通，并多次羞辱他，他便杀了齐庄公，立庄公之弟杵臼为君，自己为右相，独掌大权。

这样的事情史官必须记录，那么怎么记录呢？崔杼叫来太史，要求太史记为"先君害病而亡"。太史说："必须真实记录历史，怎能信口雌黄，颠倒黑白？"便直书为"崔杼弑其君"，崔杼一怒之下杀了太史。

太史的两个弟弟先后接替哥哥的职位，都因为直书"崔杼弑其君"而相继被杀。太史一家连续三人被杀，太史的四弟，老幺太史季上场，崔杼问他："你们一家四兄弟，死了三个，你不怕死吗？"只听太史季说："史官的本分就在秉笔直书，怎能贪生怕死！"然后仍然写了那五个大字："崔杼弑其君！"此时的崔杼真正知道了史官不畏死，奈何以死惧之，只得叹了口气，说："也罢，也罢。"终于在史书上留下了"崔杼弑其君"这五个字。

这种直书也是孔子十分倡导的。不过仔细分析这两个直书的案例，会发现这种"直书"是有原则的，比如，董狐的直书，无疑是站在维护君臣关系的角度，晋灵公的被杀，完全是因为不守君道，其时赵盾被晋灵公派人追杀，被逼逃亡，灵公之死与赵盾实在没有任何关系，可是仅仅由于赵盾逃亡还没有出境，回来后没诛杀那个杀死灵公的人，就背上了一个"弑君"的罪名。同样，崔杼弑其君，太史侧重的是崔杼弑君，而国君的无道，则并不是太史的主要关注点。《春秋》中还有一例：许国的许悼公得了疟疾，世子（名"止"）进献汤药给许悼公喝，不料许悼公一命呜呼。孔子写道："许世子止弑其君。"大概是因为药有毒性，许世子进药之前没能亲尝汤药。所以，这种直书并不是史实的直书，而是依据作者的主观判断尤其是忠孝观念进行的"直书"。所以宋代学者罗从彦说："《春秋》诛一世子止，而天下为人子者莫敢不孝；戮一大夫盾，而天下为人臣者不敢不忠。"

中国古代史官遵循的是"常事不书"，一旦写"常事"，这"常事"必定含有非同寻常的意义，而一些大事因为是"常事"，便被选择性遗忘。这样，这种实录，就选择的史实材料来说，确实是实录，但其选择本身已经隐含了作者的价值取向和道德评判。这样，这种实录成为一种基于作者本身主观价值判断的直书，一旦事件不符合作者的价值观，就被忽略，因而，对于历史而言，这只是一种有限的真实。孔子从封建礼法或他的德政主张出发，十分赞赏董狐"书法不隐"的精神，同样，他从维护封建礼法的价值取向出发修订《春秋》，又多用"婉而成章"的"曲笔"，有意忽略一些事件，掩盖事情真相，为尊者讳。

所以，孔子春秋笔法所倡导的"实录直书"，是一种主观评价先行的、曲笔和直笔结合的有限的求"真"，求的不是事实之真，而是主观价值之真。唐代史学家刘知几对这种有限的"求真"就持批评态度："美者因其美而美之，虽有其恶，不加毁也；恶者因其恶而恶之，虽有其美，不加誉也。"为此，他在史学理论名著《史通》中就专门写有《直书》和《曲笔》两章，倡导直书，反对为尊者讳的"曲笔"。

真正不拘泥于封建礼法的直书精神，始于司马迁。司马迁在个人遭受极其重大的身心伤害之后，仍然抱着"究天人之际，通古今之变，成一家之言"的目标，完成其不朽巨著《史记》。班固评价《史记》说："其文直，其事核，不虚美，不隐恶，故谓之实录。"文直事核，据实而录，不虚美统治者的品行，更不隐瞒统治者的劣迹。

他淘汰历史上一些虚幻不实的记载，力图还原历史的本来面目。例如，此前的古书写黄帝时，总是将其神化，如说黄帝边战斗边学神仙之术，到一百多岁后能与神相通。说曾经有龙将胡须垂下来，迎接黄帝，黄帝便骑了龙须，升天而去。司马迁写黄帝去世，就是六个字："黄帝崩，葬桥山。"他以求真的精神将黄帝拉下神仙的宝座，将其还原成人。

他敢于直面社会阴暗面，记录统治者的过失，甚至连当朝皇帝也不放过。如对汉文帝之"赏太轻，罚太重"，汉武帝之穷兵黩武、卖官鬻爵，绝不隐讳。他如实写出专制制度下统治者对民众的压迫和民众的反抗。他敢于揭露汉武帝连年征战匈奴，导致士卒大量死亡，民众困苦不堪，国库余财耗尽的事实。他敢于揭露当朝皇帝宠信的名臣张汤鱼肉百姓的狡诈手段和武帝包庇纵容的做法，以致后来《史记》被诬为"谤书"。无怪乎鲁迅先生会称《史记》为"史家之绝唱，无韵之《离骚》"。

但，正如刘知几曾感叹的："验世途之多隘，知实录之难遇。"（《史通》）求真总是很难的。尽管如此，还是有许多正直的史学家，把史学作为一项关系到民族、国家前途命运的神圣事业，以崇高的使命感和献身精神，不畏强暴，不避权贵，刚直不阿，秉笔直书。

如三国时史官韦昭，多次拒绝吴国国主孙皓要求将其父列入《本纪》的要求，惨遭杀害。北魏著名史学家崔浩，奉命修撰北魏史书，因为如实记录了皇室丑闻而招致灭三族，一千多人无辜被屠。

东晋著名史学家孙盛写了一本《晋阳秋》，得罪了当朝权贵大司马桓温，桓温逼迫孙盛之子按其旨意修改，孙盛只得将原稿另抄一份寄给朋友收藏，导致世上有《晋阳秋》两个版本。

在古代中国，史学的实录求真实在太难。

不过，不管怎样，由董狐肇始，由孔子倡导，到司马迁真正确立，众多史学家用生命加以捍卫，到唐代史学理论家刘知几从理论上确认，毕竟形成了中国史学上实录求真的精神。为了维护这种传统，减少像上述那种对于修史的行政干预，使史官能放心地据实直书，后来还形成了君主不观当代国史的修史制度。唐太宗曾提出欲观史官所作的起居注，也遭到史官拒绝。

从以上分析可以看出，春秋笔法体现出的是中国人的一种叙事智慧，对中国人的思维方式、言语模式尤其是叙事模式，都产生了重要影响，体现了一种善美真相结合的文化模式，即弘扬礼法，惩恶扬善的"善"的价值立场；微言大义，尚简用晦的"美"的言语模式；据礼直书，曲直结合的"真"的有限追求。不过，值得注意的是，这真善美的结合，主体是求善，表现是求美，而求真则只是一种有限的追求，甚至因为求善的主观意图，导致走向了真的反面。

人类文明的结构是一个真、善、美的结构，应该是一个建筑在"真"的基础之上，由真而善而美的金字塔结构，"真"的基础必须宽大结实，"美"的塔顶才能光耀万年。但从春秋笔法透露出，我们的真善美的结合，"真"的基础极不牢固，"善"的腰部和"美"的塔顶却宽大异常，从而下窄上宽，形成一种倒立型的金字塔，根基不稳。中国人一开始就想爬到这美的塔顶，事实上中国文明一开始也的确闪现了灿烂的光辉，但是，中国传统文化的发展总似后继乏力，过于早熟，恐怕与这近似倒立的金字塔式的文化心理结构大有关联。

 撷英掇华

◖ 原典 ◗

《春秋》①之称，微②而显，志③而晦，婉而成章，尽而不汙④，惩恶而劝善，非圣人谁能修之?(《左传·成公十四年》)

①《春秋》：周朝时期鲁国的国史，相传为孔子所作。该书语言极为简练，几乎每个句子都暗含褒贬之意，这种写法被后人称为"春秋笔法""微言大义"。②微：精深、精妙，指语言含蓄。③志：记录。④汙：同"污"。

文本大意 《春秋》的表达，言辞精妙，但在具体语境中意义自明；记录史实，但文字简约，含蓄隐晦；隐约其词，有所避讳，却起承转合文意畅达；据史实录，不加掩饰，无所歪曲；警诫假恶丑，褒奖真善美。不是圣人谁能达到这样的境界?

孔子在位听讼，文辞有可与人共者，弗独有也。至于为《春秋》，笔则笔，削则削①，子夏②之徒不能赞一词。弟子受《春秋》，孔子曰："后世知丘者以《春秋》，而罪丘者亦以《春秋》。"（司马迁《史记·孔子世家》）

　　①孔子修《春秋》所用方法是"笔"和"削"，"笔"是在原来史书基础上添加，"削"是对原来史书删减。②子夏：孔门十哲之一，以才思敏捷、文学素养深厚著称。孔子经常跟子夏探讨文学创作。

　　文本大意　孔子在司寇职位上审理诉讼案件时，判词若有可以与人商酌之处，就不独自决定。至于撰《春秋》，他认为该加就加，该删就删，即使子夏这样的高足也不能建议一字一句。弟子们听孔子讲授《春秋》时，孔子说："后代了解我是因为这部《春秋》，而怪罪我也是因为这部《春秋》。"

　　《春秋》辨理，一字见义，五石六鹢，以详备成文；雉门两观，以先后显旨①；其婉章志晦，谅以邃矣②。《尚书》则览文如诡③，而寻理即畅；《春秋》则观辞立晓，而访义方隐。此圣文之殊致，表里之异体者也。至根柢槃深④，枝叶峻茂，辞约而旨丰，事近而喻远；是以往者虽旧，余味日新，后进追取而非晚，前修文用而未先，可谓泰山遍雨，河润千里者也。（刘勰《文心雕龙·宗经》）

　　①五石六鹢、雉门两观是《春秋公羊传》的两个叙事例子，此处用来说明记述的详备准确。②谅以邃矣：料想已经很深邃了。谅：料想。以：通"已"。③诡：深奥难懂。④柢（dǐ）：根。槃：同"盘"，盘曲、回绕。

　　文本大意　《春秋》明辨事理，用一个字就表现了褒贬。如"有五块陨石落到宋国"，"有六只鹢退着飞过宋都"，以详尽形成文章风格；而"雉门两观失火"，则以排列的先后显示了意义的轻重。这种婉转成文、含义深刻的写法应该是炉火纯青了。《尚书》的文字似乎含义深邃，但寻找它的义理时还算容易明白；《春秋》的语言似乎立马就懂，但探求它的含义时却难以领会。这里表现出圣人文章的风格差异，形式与内容的不同特色。它们都如大树盘曲深厚，枝叶茂盛，言辞简练而含义丰厚，举例浅显而寓意深远。因此时间虽然久远，其意味却万古常新；后辈学习吸收也不算晚，前贤引用了也不嫌早。可以说正如泰山普降甘霖，河水浇灌千里。

　　中国智慧
　　写给中学生的18堂国学文艺课

名言

◎孔子成《春秋》，而乱臣贼子惧。（战国·孟子）

◎拨乱世，反之正，莫近于《春秋》。（汉·司马迁）

◎（《离骚》）其文约，其辞微，其志洁，其行廉。其称文小而其指极大，举类迩而见义远。（汉·司马迁）

◎（《史记》）其文直，其事核，不虚美，不隐恶。（汉·班固）

◎《春秋》虽以一字为褒贬，然皆须数句以成言。（晋·杜预）

◎辞约而旨丰，事近而喻远。（南朝梁·刘勰）

◎验世途之多隘，知实录之难遇。（唐·刘知几）

◎《春秋》诛一世子止，而天下为人子者莫敢不孝；戮一大夫盾，而天下为人臣者不敢不忠。（宋·罗从彦）

◎一字之褒，荣于华衮（gǔn，君王礼服）；一字之贬，严于斧钺（yuè，兵器）。（清·曾国藩）

成语

◎微言大义：精微的语言里包含着深刻的含义。

◎言近旨远：话说得浅近，而含义却很深远。

◎言约义丰：语言简约，含义丰富。

◎言简意赅：语言简练而意思完备。

◎探骊得珠：比喻文章含义深刻，措辞扼要，深得要领。

◎一字褒贬：记事论人，措辞严谨，含义深刻，爱憎分明。

第 9 课

虚室生白：虚拟空灵的审美韵味

> 虚室生白：空明的心境生出洁净与光明。语出《庄子·人间世》："瞻彼阕者，虚室生白，吉祥止止。"

别具特色的绘画考题

北宋建国后非常重视文艺，在京城汴梁设立翰林图画院，广收人才。只要有很好的绘画才能，即使小商小贩也能进入画院，但前提是要经过考试。宋徽宗赵佶即位后，开始采取科举考试的方式选拔画院人才。宋代画院的绘画命题很有特色，每每以古人诗句命题。兹举几例：

例如，有一道题叫**"竹锁桥边卖酒家"**。怎么画呢？不少画工为表现这一主题，往往刻意表现酒家景色，画得很实，却缺乏韵味。唯有一个叫李唐的著名画家，他并没有画酒家，只画了小溪木桥，桥后几丛修竹，渺茫的画面外，一杆小酒旗高高挑起。这幅画深得宋徽宗的喜爱，认为它虽没有实画酒家，却有酒家蕴藏其中，且表现了"锁"字的含义，意蕴幽深，令人回味。此画便被评为第一。

另一题是**"深山藏古寺"**。一般画家采用写实的方式，总是在群山之中，树木掩映之处，露出寺庙的一角，画笔虽工，但总缺韵味。而夺得此题魁首画家的画法是：在群山之中画一幡杆，深山的小径蜿蜒伸展至山下溪边，几个和尚挑水而入。此画虽不见古寺，但以寺庙常见的幡杆、幽深的小径、挑水的和尚，不仅表现了古寺，更画出了一个"藏"字，以虚写实，更见韵味。

再如，**"踏花归去马蹄香"**。此题难度颇大，既要有马蹄踏花而过，更要有香味，画家们绞尽脑汁，或专注于"踏花"二字，或在"蹄"字上下功夫，或画扬鞭的少年，或画游春的情景。只有一位画家别出心裁，他画的是黄昏日落时刻，一位官人骑马而归，只见马儿疾驰，马蹄高举，几只蝴蝶追逐着马蹄蹁跹飞舞。他用蝴蝶追逐马蹄来表现香味，表现踏花，以黄昏日落表现归去。以虚写实，匠心独具。

当代画坛也有一段类似的佳话。20世纪50年代，著名画家齐白石九十一岁高龄时，作家老舍以**"蛙声十里出清泉"**这句诗为题，请他画一幅画。此题难在怎么用画笔画出"蛙鸣"而且还要"十里"，这是老舍先生在给白石老人出难题。而白石老人呈现的画面是：山石嶙峋之中，溪水激荡轰鸣，几只蝌蚪顺流而下，似在寻找蛙妈妈。图中无蛙，却让人耳边顿闻一片蛙鸣，令人惊叹！这就是杰出艺术家的高明之处，画家采用空白、空虚、不确定性填补的方法，产生"此时无声胜有声"的艺术效果。这就是"虚室生白"的艺术效果。

虚实形神的哲学思考

　　虚实问题，是中国哲学的重要命题。中国人很早就在思考虚实问题了。在老子那里有"有无相生""大成若缺""大盈若冲""大音希声"之说；在庄子那里有"唯道集虚""得意忘言"之说，庄子还提出了著名的"虚室生白"论，倡导"心斋"。在老庄看来，天地万物生于有，有生于无，而"无"即是"道"。他们以"虚无为本"建立了道家学说，强调返璞归真，回归人类心灵的虚灵纯真、空明洁净。只有空明洁净才能生出一片光明，这就是所谓的"虚室生白"。

　　儒家虽然从实出发，要求"文质彬彬"（孔子），认为"充实之谓美"（孟子），但他们也从实走到了虚，孟子说："充实而有光辉之谓大，大而化之之谓圣，圣而不可知之之谓神。"大而化之是由实而虚，圣而不可知之更是虚。荀子更说："心何以知？曰：虚壹而静。"（《荀子·解蔽》）儒家同样视"虚"为最高境界。《周易》的阴阳观念就更是一种虚实相生的观念。看看八卦的构成吧，繁复的八卦六十四卦，就是基于阴阳两爻。所谓八卦，就是由一条代表阳的实线和一条代表阴的虚线构成的，由此生成六十四卦，生成三百八十四爻，由此推衍世间万物的无穷变化。这是典型的虚实相生。到后来，理学家对虚实问题也做了不少发挥，如"心虽是一物，却虚，故能包含万理"（朱熹《朱子语类》卷五），"虚故生灵，灵生觉"（刘宗周《语录》）。一个黑白双鱼太极图，就是中国文化虚实相生的形象解说。

整个中国文化，是一种偏重心灵的学说，从某种意义上说，是一种偏重"虚"的文化。

形神问题也是中国哲学的一个重要问题，而且，哲学家们往往将"神"抬到了很高的位置。老庄重神轻形，所谓"形而上者谓之道，形而下者谓之器"。到后来的《列子》《淮南子》提出"君形说"，更强调以神为主，又并不否定形的价值。如著名的九方皋相马，竟然雌雄不辨，黑白不分，所相之马却是千里马。到后来魏晋南北朝，佛学传入，玄学兴起，更强调"神"，魏晋南北朝人物品评即以"神"为标准，并相应提出了"神气""神情""风韵""风神""神韵"等概念。神即是虚，形即是实，所以形神问题实际上就是虚实问题。要传神便不能执着于形，只有虚虚实实，才能表现，才能传神，才会尚简。所以，虚实相生是汉民族传统文化心理必然追求的境界。

虚实相生的美学韵味

从前面几个绘画之例可以看出虚实观念对中国美学思想的重要影响。对此，宗白华先生做了深入研究。他从先秦《考工记》虚实观念的萌芽到中国美术的空间处理，从中国戏剧的表演布景到中国诗歌的空灵优美，从中国书法的音乐舞蹈精神到中国建筑空间的虚实运用，做了全方位的考察。宗白华先生指出，"实景清而空景现"，"真境逼而神境生"，"化景物为情思"，这些都是中国文学艺术的重要美学特征，他还暗示，"真、神、美"的一体化是中国艺术所追求的最高境界。这"神"既指传神，又当指一个"虚"字。

抒情文学相对发达，写实叙事文学相对贫弱，这是中国文学"偏于虚"的重要表现，而虚实结合更是中国文学的重要手法。这里仅举一例。如白居易因得罪权贵被贬江州后写了一首仅二十字的小诗《夜雪》："已讶衾枕冷，复见窗户明。夜深知雪重，时闻折竹声。"这首诗题目为"夜雪"，却全不从雪落笔，都是侧面描写，首句从触觉写衾枕冷，次句从视觉写窗户明，后两句从听觉写竹子折断。从描写的角度说，诗中的衾枕、窗户、折竹等是摆在读者面前的实景实物，而"雪"这一要描写的主体却被虚化，但也正是这虚化，此"夜雪"之寒（衾枕冷），雪景之白茫茫一片（窗户明），雪之厚（压断竹子，不时听到折竹之声）便更加突出。全诗句句写其他，但句句指向雪。从描写的呈现来说，"衾枕""窗户""折竹"，它们都呈现在读者面前，这是实；雪的形象全凭读者根据"衾枕""窗户""折竹"等的情状去想象，这是虚。但从描写目的来说，写雪才是目的，这是实；"衾枕""窗户""折竹"，纯属虚晃一枪，言在此而意不在此，这是虚。这是第一层虚实。另一层虚实是：从写作的最终目的来说，抒情才是最终目的，写雪也是障眼法，是虚，而真要写的是自己的不眠之夜，是自己的孤寂。衾枕冷，一夜无眠才能听到竹子折断之声。从呈现的内容说，写雪是实，而作者的孤寂，纯靠读者去感悟、去体会，这是虚。从抒情的目的来说，写雪是虚，写不眠之夜才是实。此诗的虚虚实实，简直说不清了。的确，仅仅二十字，要说这么多复杂曲折的东西，太实了如何表现得来？只有虚虚实实，才能曲尽其妙。

在中国文学里，还有一种小体裁当引起特别注意，那就是中国寓言。中国寓言是在中国、印度、欧洲这世界三大寓言体系中唯一没有中断过创作的，它数量巨大，艺术成就很高。中国寓言何以能取得如此辉煌的成就？其重要原因之一，就在于寓言这种文体是一种典型的以虚驭实的文体，它是用一个虚构的故事来概括模拟某一类生活现象，或比喻，或象征，或类比。读寓言故事，你明显觉得它是假的，是虚构的，就像《守株待兔》的情节，生活中没有谁会真正傻到那种程度。但是，不主动努力而心存侥幸、希望得到意外收获的却大有人在。寓言，是一种生活的模拟形式，模拟，就是虚拟，就是以虚驭实，即所谓"纳须弥于芥子"。

当然，在中国文艺中，最能表现这种虚实结合的应该是中国戏剧。世界戏剧有三大表演体系，即斯坦尼斯拉夫体系、布莱希特体系和梅兰芳体系。斯坦尼斯拉夫体系强调戏剧表演要真实客观地反映生活，要求演员不要模仿生活形象，而是"成为生活形象"，要生活在形象之中。布莱希特体系虽然强调离间效果，即演员表演时可以随时进入角色，随时跳出角色，面对观众，若即若离，自由驰骋。但是，他强调让读者通过众多的人物场景，看见生活的真实面貌和它的复杂性、矛盾性。这两大体系，本质上都强调真实客观地反映生活。而梅兰芳表演体系即中国戏曲的表演体系，却是一种写意的表现方法。写意的方法，实际就是虚拟的方法，它要求突破时间、空间限制，以虚拟的动作和布景，营造一个与生活真面目相去甚远却又富有意境美的舞台艺术世界。它不是生活的模仿，而是一种象征性的表现艺术。中国传统戏剧舞台很少有真实的舞台布景：骑马无马，只是扬鞭跨步；敲门无门，只是抬手两扣；行船无船，只是摇摇晃晃；乘轿无轿，只是前仰后合。在中国舞台上，三五步，千里万里；六七人，百万雄兵。可以说，中国戏剧艺术将虚室生白、虚实结合的中国文化发挥到了极致。

与文学艺术紧密相连的是史学。按理说，史学是一门严谨求实的学问，但是，如果我们认真读读中国最伟大的史学著作《史记》，你就会发现，原来，中国史学也是虚实结合的。太史公司马迁在写《史记》时，是坚持他的"实录"精神的。当然，既然是史，当然要实，然而这"实"，既不可能也不必要将某段历史事无巨细地兼收并写，而应有所选择地写出历史的本质真实。那么，太史公追求的实录是怎样的呢？他的目的在"究天人之际，通古今之变，成一家之言"。很明显，这"究"，这"通"，这"成"，便不在形，而在神，在写出历史的本质、精神和真谛。因此，《史记》的"实录"，远不是史料意义的实录，而是要借真实全面完整地反映人物和事件的本来面目，写出历史的内在的东西，由"形似"到"神似"，借"形"以传"神"。这才是司马氏独特的"实录"精神。也正是为突出历史人物某些奇特的精神品质，塑造能反映历史风貌的人物形象，太史公不惜违背修史常规，借神话传说写人物，借想象虚拟人物心理语言，在大量事例中选择几件典型事例来概括人物的一生，这一切与他的"实录"相映生辉！天才的太史公就这样虚虚实实，达到了宗白华先生所谓"真、神、美"统一的境界。

虚实观念的广泛影响

虚室生白、虚实相生的观念不仅影响了中国的文学艺术，也影响到中国的军事理论、中医、武术等。

例如中国兵法之祖《孙子兵法》，共十三章，其中就有一章《虚实》篇，全篇分析交战双方军事实力的强弱优劣状况以及对这种状况的巧妙利用，讨论由此创造战机的作战方法与指导原则，书中指出："夫用兵，识虚实之势，则无不胜矣。"强调有效调动敌人，善于利用敌人的薄弱环节，强调虚虚实实诱惑敌人；提出了著名的"避实就虚"的军事策略，为历代兵家所推崇。《唐太宗李卫公对问》中就曾这样评价："观诸兵书，无出孙武。孙武十三篇，无出《虚实》。"

至于中医，虚实观念更是其重要理论范畴，其辨证论治，无非从阴阳、表里、虚实、寒热立论。而所谓"气""经络""穴位"，谓其无，循此诊治，确见奇效；谓其有，可现代解剖学也无法证明。这更显得虚虚实实、神奇莫测。其实，中医就是以阴阳五行相生相克的虚拟模型，来模拟人体的生理结构、生理功能及其病理的，这就是典型的以虚驭实！

中国武术也是以虚实相生为重要特征，最具中国功夫特征的是太极拳，而太极拳甚至被称为虚实拳。王宗岳在其《太极拳经》中说："太极者，无极而生，动静之机，阴阳之母也。"这里的动静阴阳，就是虚虚实实，其中动是"实"，静是"虚"，动中有静，静中有动，实中有虚，虚中有实，由此达到动静实虚的平衡统一，并实现动静虚实的互相转化、互相衔接，并循环往复。练太极时，要"虚领顶劲，气沉丹田"，"虚领"就是"虚灵"，是虚，头顶要有一种放松状态。"顶劲"是头顶正直，是实。"气沉丹田"，是虚。"不偏不倚，忽隐忽现。左重则左虚，右重则右杳"。太极要达到的效果是"四两拨千斤"，四两是虚，千斤是实。以虚驭实，虚实相生，这就是太极的精髓，也是中国文化的精髓。

撷 英 掇 华

《原典》

王宗岳①论太极拳

太极者，无极而生，动静之机，阴阳之母也。动之则分，静之则合。无过不及，随曲就伸。人刚我柔谓之走②，我顺人背谓之粘③。动急则急应，动缓则缓随。虽变化万端，而理唯一贯。由招熟而渐悟懂劲，由懂劲而阶及神明④。然非用力之久，不能豁然贯通焉。虚领顶劲⑤，气沉丹田⑥。不偏不倚，忽隐忽现。左重则左虚，右重则右杳。仰之则弥高，俯之则弥深，进之则愈长，退之则愈促。一羽不能加，蝇虫不能落，人不知我，我独知人。英雄所向无敌，盖皆由此而及也。（王宗岳《太极拳论》节选）

①王宗岳：明朝万历人，内家拳名家。所著《太极拳谱》中之《太极拳论》，被视为太极拳经典理论。②走：太极推手中以柔劲接招、随人而动的招式。③粘（nián）：太极拳推手中主动攻击、用内劲粘住对方的招式。④神明：太极拳的最高境界。⑤虚领顶劲：又叫"虚灵顶劲"，即头顶正直，虚灵自然。⑥丹田：人体穴位，一般指脐下三寸处。

文本大意 太极，是由无极衍生的，是动静的根本，是阴阳的本源。运动时，阴阳二者相互作用，相互转换，彼此消长，姿态分明。静默时，阴阳二者相互制约，取向平衡。动作不可过分，也不可不足，应顺随阴阳变化的规律而运动。对手以强力攻击时，我不以强力相抗，而以柔劲接招，随人而动，顺势化解，这叫作"走"。当我主动攻击时，要用内劲粘住对方，使其来力落空，这叫作"粘"。对手动作快，我就快速接应；对手动作慢，我就缓慢相随。虽然瞬息万变，但理法是一致的。只有熟练地掌握每一招式，才能逐渐领悟到劲力的规律。并在此基础之上，进而达到应运自如出神入化的至高境界。如不经历长期的刻苦练习，是不能豁然开朗、全面贯通的。

运动时，头顶正直，虚灵自然，似虚松，实有劲。腹部松弛，内气下沉于丹田。身体重心稳定，力求平衡。劲力虚虚实实，隐隐约约，似有似无；重心在左，左侧却要给人虚的感觉，重心在右，右侧却要给人缥缈之感。以高位姿态攻防，重心就要提升到最高位；以低位姿态攻防，重心就要俯降到最低位。如果进攻，不妨连续进击，不给对方还手和喘息的机会；如若退守，越快越好，不给对手连续攻击的可能。总之不要给对手留有机会和条件，不给对方以着力点，想方设法化解对方的力道，一片羽毛的力度也不让加于我身，一只轻捷的苍蝇也无法碰触我体。我的力道和意图若隐若现，对手无法察知，而对手情况我却了如指掌。凡在对抗中常胜不败者，大都应用了这些计谋和手段。

◈ 名言 ◈

◎大成若缺，其用不弊。大盈若冲，其用不穷。（春秋·老子）

◎有之以为利，无之以为用。（春秋·老子）

◎故形兵之极，至于无形。无形，则深间不能窥，智者不能谋。（春秋·孙武）

◎唯道集虚，虚者，心斋也。（战国·庄子）

◎虚室生白，吉祥止止。（战国·庄子）

◎人皆知有用之用，却不知无用之用也。（战国·庄子）

◎心何以知？曰：虚壹而静。（战国·荀子）

◎心虽是一物，却虚，故能包含万理。（宋·朱熹）

◎虚故生灵，灵生觉。（明·刘宗周）

◎空本难图，实景清而空景现。神无可绘，真境逼而神境生。（清·笪重光）

◎虚实相生，无画处皆成妙境。（清·笪重光）

《 成语 》

◎虚实结合：将抽象的述说与具体的描写结合起来，或者将眼前实景与回忆、想象结合起来。

◎虚实相生：指审美创造中虚拟想象的虚境和现实具体的实境互相生发，相辅相成。

◎有无相生：有可以转化成无，无也可以转化成有。

◎大成若缺：最完美的事物好像还不完美。

◎大盈若冲：最充盈的东西，好似是空虚一样，多形容为人境界越高，就越谦虚。

◎化虚为实：把抽象的无形的事物通过一些说法使它变得具体可感，容易理解。

第 10 课

须弥芥子：寓无限于有限，于有限求无限

须弥芥子：须弥山纳于芥子之中，本用来比喻佛法之精妙，无处不在，后借指将广大的事物或深奥的道理蕴含于小的事物之中。语出《维摩诘经·不思议品》："以须弥之高广，内（纳）芥子中，无所增减，须弥山王本相如故。"

我们崇尚的是精致小品

汉民族文化尚小不尚大。你可能会举出故宫、长城、兵马俑这样宏大的场景来反驳，的确，在涉及皇家的事体上，大体都不吝啬，但在中国文化里，大部分是"尚小"的。

且来看看中国文化异于世界的一些特殊现象吧。

先说文学。诗歌是各民族文学的常青树。中国号称诗国，我们的文化是"礼乐"文化，乐中包含诗，诗乐一体。所以，在家族、家庭层面，我们有"诗礼传家"之说，贵族叫"钟鸣鼎食之家，诗礼簪（zān）缨之族"。从皇帝到贫民，从学士到农夫，都可轻吟浅唱。在很长一段时间内，诗赋曾经成为我们选拔人才的唯一标准。作为人才，可以不懂天文历算、经营技术，但不能不懂诗赋。

中国诗史洪波迭起，群星璀璨，《诗经》《楚辞》、唐诗宋词、屈原渊明、李杜苏辛，都足以争雄世界，足以让我们引以为荣。但是，在世界诗坛上，我们的诗歌则以小诗取胜，我们最长的抒情诗《离骚》，共376行，最长的叙事诗《孔雀东南飞》共357行，接下来比较长的就要算《木兰辞》《自京赴奉先县咏怀五百字》《长恨歌》，再往下就是《梦游天姥吟留别》《蜀道难》之类了，而西方除了有那种上万行的大型史诗外，动不动就是上百行。我们最多的就是56字的七律、40字的五律、28字的七绝、20字的五绝，我们的词，91字就称长调。但我们能将这几十个字的东西玩到极致。

散文是文学的最常见式样，中国的散文无疑是很发达的，先秦史传、先秦诸子，两汉辞赋、六朝骈文、唐宋散文、明清小品，称谓不同，式样微殊，但代代有精彩，朝朝有大家。但同样，除了史传文外，我们的散文也是以短小精悍取胜的，汉以后，除史书外，长文实在不多。就如汉赋，有西汉大赋和东汉抒情小赋，大赋最终让位于抒情小赋。到唐宋，抒情小赋进一步发展为文赋。除老子、孔子外，先秦诸子的文章大多较长，如墨、荀、韩，乃至《吕氏春秋》，文章都长。汉代贾谊、王充等的文章篇幅也不小，但自东汉以后，散文的篇幅在逐渐变短。

笔者就刘盼遂、郭预衡两位先生主编的《中国历代散文选》略做统计，发现该选本所选散文，先秦除历史散文和孔、老的语录体之外，墨子、庄子、孟子、荀子、韩非子、宋玉、李斯及《礼记》，共选17篇，平均长度1530多字，而且多是节录，实际长度比这长得多；汉代选文除《史记》《汉书》这样的史传文外，还选了8篇文章，这8篇文章的平均长度为1800多字；魏晋南北朝共选文43篇，包括两篇史传文，平均长度是1350字，长度明显降了下来；而唐宋元明清五朝1000多年，共选文140篇，平均长度只有1120字，还包括像《资治通鉴》中《淝水之战》这样4000多字的史传长文。这有两种可能，一是文章越写越短，一是好文章越来越短。的确，后来的好文章主要就是抒情小赋、骈体文、文赋、抒情小品等"小文"，钱穆先生就曾说过："中国散文之文学价值，主要正在小品文。"（《中国文学讲演集》）

我们的小说，一开始就是短小精悍的"志人志怪"，到唐朝的传奇稍微长了些，直到民间的说书，才开始将篇幅拉长，但我们始终没有长河小说，像《红楼梦》这样伟大的小说，仍然是精致胜过宏伟，其主要立足点就是那小小的大观园。

看看我们的音乐吧。我们的祖先是富有音乐才华的，公元前7世纪的春秋时期，《管子》就记载了"三分损益法"，即现代音乐理论所谓的"五度相生律"，比古希腊的毕达哥拉斯早了100多年。明朝皇孙朱载堉提出"新法密率"，据此制造十二平均律的律管，比法国数学家马林·梅森发表的相似理论早了50多年。

在政治上我们非常重视音乐，自孔子倡导"礼乐治国"，音乐成了治国的两大支柱之一。的确，中国民乐轻缓、抒情，很有情调，很有韵味，但是我们没有发展出西方那种交响乐。有分析者说，可能我们的民族乐器适合独奏，不适合参与合奏，我们没有在理论上对和声进行研究，没有重视十二平均律。其实，最大的可能，不是我们没有才华，没有能力，而是我们根本就没有发展交响乐的欲望，因为我们比较喜欢"小而精"，并不崇尚宏大与气势。东方美学崇尚唯美、华丽、精致、和谐、细腻，试图让人沉醉，意在浸润你；西方美学推崇宏大、气势，意在加强冲击力，意在征服你。或者说，西方人看重美学的"崇高"，东方人重视美学的"优美"。所以西方更侧重悲剧的震撼，东方则侧重精致的和谐。

原因可追溯到具象思维

为什么如此钟情于"小"？这也许源于我们思维特性中保留的具象性。我们在讨论"立象尽意"时，曾具体分析过我们思维的具象特点。

原始时代的思维是具象的，人类毕竟要走向抽象。但走向抽象有两种方式，一种是革命式的，就是与原始具象彻底决裂，走一条纯粹抽象的道路。另一种方式是在冷静的抽象中，不忘热情感性的具象，并对具象加以智慧地改造。这就是我们民族思维走的道路。我们在思维的发展路径上，没有完全抛弃原始的具象，而是从日常生活的常见事物中提取出典型的富有代表性和概括性的意象，再通过联想、想象，将同类事物的性质、功能等追加在这些代表性的意象上，从而使其成为一种具象的模型，使之具备了抽象的功能。

如我们文明之初"八卦"的阴阳两线，就是由男女这两个意象形成的模型，在八卦这里，这已不是简单的男女，或者说不是男女本身，而是在这上面追加了许许多多的属性，如天与地、日与月、白天与黑夜、南方与北方、上位与下位等，天下所有东西都可以分为阴阳，不是阴就是阳。再比如，我们从万事万物中抽取出了"金木水火土"，谓之五行，实际上是将天下的物质分为五类，这五类就分别用这五样物质来代替了。也就是说，无论是"男女"，还是"金木水火土"，这几个具体的人或物的形象，里面包含了太多太多的东西，它们就是整个世界，整个世界就放到了它们里面，这就是所谓的"纳须弥于芥子"。

"纳须弥于芥子"本是佛教用语。芥子就是芥菜之籽，很小很小。须弥山是原印度神话中的山名，后来佛教用此借指佛教中的护法神帝释天和四大天王的居所。据说其高有八万四千由旬（古印度长度单位，一由旬相当于一头公牛走一天的路程，大约十一公里）。可见须弥山极其巨大。极其巨大的须弥山可以放到芥菜籽那么小的东西里面，相当于孙悟空一个筋斗十万八千里，但还在如来佛的手掌心。

佛教的这个用语恰恰符合中国人的思维观念，你看那阴阳八卦，我们的先民不就是将整个世界、万事万物都纳入男女这两粒芥子之中了吗？或是"金木水火土"，整个世界不就在这五粒芥子里？

既然须弥可纳芥子，何必追求那么宏大呢？所以，一花一世界，一叶一菩提，一叶可知秋，尺幅盈千里。《吕氏春秋》就曾这样说："审堂下之阴，而知日月之行，阴阳之变；见瓶水之冰，而知天下之寒，鱼鳖之藏也；尝一脔肉，而知一镬之味，一鼎之调。"俗语也说，一滴水可以反映太阳的光辉。

用这样的观念反观中国文学，就会发现下列现象原来很正常：中国文学特别重视"意象"，形成了一整套意象理论，先是讲比兴，后来讲意象，后来又发展成意境理论，比兴、意象、意境，本质上是一码事，就是要"纳须弥于芥子"，要将诗人的主观感悟、情思等纳入那芥子般的意象之中，将复杂的漂泊之感纳入那柳絮之中，将万千离别之意纳入那丝丝垂柳之中或茵茵绿草之中。香草美人是芥子，月明月缺是芥子，梅兰竹菊、松柏莲花等都是芥子。既然如此，情感用不着尽情倾泻，我把它放在那芥子中，你去反复体会吧。

所以，我们特别钟情于咏物诗，因为那小小的物就是芥子。且看杜荀鹤《小松》："自小刺头深草里，而今渐觉出蓬蒿。时人不识凌云木，直待凌云始道高。"这小松哪里只是小松，分明是芥子，在这芥子中，寄托了对坚强不屈的性格、勇敢战斗的精神、强大的生命的礼赞；寄托了事物之"小"只是暂时的，相对的，随着时间的推移，它必然会由小转大的哲理；寄托了对目光短浅、不识才慧者的讽刺；寄托了

兰竹石图（郑燮 绘，故宫博物院藏）

作者爱护人才的迫切之心和看到大量人才被埋没的伤心。这些"须弥"作者没有直说，而是全都纳入小松这芥子里了。

我们特喜欢寓言这种体裁，因为它是有寄托的故事，那小小的故事就是芥子，庄子将"道进乎技"、自然养生等思考寄托在"庖丁解牛"的芥子里，孟子将要顺其自然天性、不可操之过急的教育理念寄托在"揠苗助长"的芥子里。你看，从先秦一直到明清，中国寓言与中国的诗歌散文相始终，数量巨大，成就斐然，与欧洲、东南亚寓言鼎足而三，且始终没有中断。因为我们就喜欢在这螺蛳壳里做道场。

作为一个诗歌创作特别发达的国家，自然有许多研究诗歌的理论著作，但是我们的诗学主要是"诗话"，不讲究长篇大论，而是就一些具体的例子评述几句而已。中国古代学术多是语录或"诗话"性质，不喜欢鸿篇巨制。

我们的成语特别发达，为什么成语发达？因为每个成语都是一个故事，这故事里就有寄托。成语一般就那么四个字，可里面含义丰富，每个成语里面都有一座须弥山。

佛学到了中国，就不很在意那些烦琐的经文了，禅宗的传道也走上了须弥芥子的道路。佛法无边，佛法深奥，直接解说实在太难，不妨也将其纳入芥子，于是就产生了机锋，就产生了公案，就产生了师父打死也不说答案，只说一些具体的情景、事物。如一个僧人问清平令遵禅师大乘佛教与小乘佛教的区别，师父却答"麻索"和"钱贯"，他就不告诉你区别是什么，就将这区别寄托在"麻索"和"钱贯"上面，让你自己去领悟。

古代文人喜欢玩一些小玩意儿，如印章、对联、茶壶。我们喝茶，讲的是茶道，实际讲的是壶纳天地，所谓"一壶且纳天地，万物皆藏于胸"。

中国的绘画、书法、戏曲、园林、舞蹈等都是写意的，讲究表现形外之意、象外之象，总是给有限的空间以无限的空灵，以神似为主，并不刻意追求形似。因为太执着于形似，必将削弱其内涵的概括性，相反，如果追求神似，这神就是那心灵的须弥山。如营造园林时，特别讲究园林意境，讲究立足于心性情趣，利用片石勺水、数竹丛花，通过实与虚、形与神、屏与借、对与隔、动与静、大与小、曲与直等，"移天缩地"，在有限中展示无限的自然山水，打破小自然与大自然的根本界限，纳千顷之汪洋，收四时之烂漫，从而收咫尺山林、壶中天地之效。

中国人不像浮士德那样追求无限，而是"反身而诚"，于有限中见无限，又于无限中回归有限。我们善于在门窗中看世界，从门窗中体会外在的生命。中国的文人雅士多喜从帘屏、雕栏、门窗中吐纳外界景物，从而形成了中国文化中独特的"门窗意识"。杜甫的"窗含西岭千秋雪，门泊东吴万里船"，何以为人喜爱？除了"千秋""万里"的无限时空给人以博大气象外，恐怕更在于这"窗含"，这"门泊"，在于这无限寄寓于有限中吧？

 撷英掇华

原典

须弥芥子①

江州刺史李渤②问："教中所言：须弥纳芥子，渤即不疑。芥子纳须弥，莫是妄谭③否？"师曰："人传使君读万卷书籍，还是否？"曰："然。"师曰："摩顶至踵④如椰子大，万卷书向何处着⑤？"李俯首⑥而已。（《五灯会元⑦·马祖道一禅师法嗣》）

①须弥：梵文音译，相传是古印度神话中的名山。据佛教观念，它是诸山之王，十分高大。芥子：芥菜籽，很小很小。②李渤（？~831）：字澹之，洛阳人，唐代官员，官至刺史。曾在江西省庐山五老峰山下白鹿洞（即后来的白鹿书院所在地）读书，时称白鹿先生。③谭：同"谈"。④摩顶至踵：从头到脚。⑤着：这里指安放。⑥俯首：点头称是。⑦《五灯会元》：中国佛教禅宗史书，成书于宋代。"五灯"系指五部禅宗灯录：《景德传灯录》《天圣广灯录》《建中靖国续灯录》《联灯

中国智慧
写给中学生的18堂国学文艺课

会要》《嘉泰普灯录》。马祖道一：禅宗两大宗派之——洪州宗的祖师。俗姓马，又称道一。主张"平常心是道"。

文本大意 江州刺史李渤问马祖道一禅师道："佛教中有话说：须弥山可容纳芥子，这我不怀疑。但是说芥子可容纳须弥山，这是不是随意乱说的呢？"马祖道一禅师说："人们传说刺史你读了万卷书，是不是呢？"李渤说："是啊。""那我问你，你的身躯从头到脚也就那么大，那你读的万卷书读到哪里去了呢？"李渤点头表示明白了。

郑燮①题《竹石图》

十笏②茅斋，一方天井，修竹数竿，石笋数尺，其地无多，其费亦无多也。而风中雨中有声，日中月中有影，诗中酒中有情，闲中闷中有伴，非唯我爱竹石，即竹石亦爱我也。彼千金万金造园亭，或游宦四方，终其身不能归享。而吾辈欲游名山大川，又一时不得即往，何如一室小景，有情有味，历久弥③新乎？对此画，构此境，何难？敛之则退藏于密，亦复放之可弥六合④也。

①郑燮（1693~1765）：号板桥，人称板桥先生，江苏兴化人，清代著名画家、诗人，"扬州八怪"重要代表人物，其诗、书、画，世称"三绝"；一生只画兰、竹、石。这个文段是他为自己画的《竹石图》题的字。②十笏：指占地面积小。笏（hù）：本指古代大臣朝见时所执的竹板。③弥：更加。④六合：天地四方共六面，所以叫"六合"，用来泛指天地或宇宙。

文本大意 画中我这小小的茅斋，只有一方小小天井，几株修长的竹子，几块秀立的石头，占地很小，花钱不多。但是在里面能听到风声雨声，能看到日影月影；可以在里面饮酒吟诗，畅叙情谊，悠闲之时，愁闷之时，有人相伴。不只是我喜欢竹子和石头，竹子石头也喜欢我啊。有些人花费重金建造豪华园林，却出外经商做官，终其一生不能回去享用。而我们想游览名山大川，一时之间又不能立刻就去，哪里赶得上我这小小茅斋一方美景，有情有味，越久越新呢？对着这样的画，建造这样美景，有什么难呢？卷起来可以将其收藏于密室，放开来也可以观览天地啊。

名言

◎审堂下之阴，而知日月之行，阴阳之变；见瓶水之冰，而知天下之寒，鱼鳖之藏。(《吕氏春秋》)

◎一切即一，皆同无性；一即一切，因果历然。(《华严经》)

◎一花一世界，一叶一如来。(《华严经》)

◎窗含西岭千秋雪，门泊东吴万里船。(唐·杜甫)

◎咫尺应须论万里。(唐·杜甫)

◎世间亦有千寻竹，月落庭空影许长。(宋·苏轼)

◎毫端偶集一微尘，何处溪山非此身？(宋·苏轼)

◎江山无限景，都聚一亭中。(元·张宣)

◎沧溟水一沤，天地一芥子。(明·庄定山)

◎轩楹高爽，窗户邻虚，纳千顷之汪洋，收四时之烂漫。(明·计成)

◎若夫园亭楼阁，套室回廊，叠石成山，栽花取势，又在大中见小，小中见大，虚中有实，实中有虚，或藏或露，或浅或深。(清·沈复)

◎谁道江南风景佳，移天缩地在君怀。(近代·王闿运)

成语

◎尺幅千里：外形虽小，包含的内容很多。

◎咫尺山林：很小的地方却能象征性地展现大片山林之境。这是中国园林建筑的特点。

◎壶纳天地：壶小纳乾坤，滴水见太阳，很小之地却可容纳广阔之物。

◎一叶知秋：从一片树叶的凋落，知道秋天的到来。比喻从个别细微迹象，可以察知发展趋向与结果。

◎见微知著：见事情之苗头，便可知其实质与趋势，即小中见大。

◎尝鼎一脔(luán)：从一些小事中可认识事物的精髓。

◎管中窥豹：从竹管的小孔看豹，能看到豹身上的一块斑纹。用于褒义，比喻从一小部分可推测其全貌；用于贬义，指所见不全面或略有所得。

第 11 课

大巧若拙：反机心反异化的纯真境界追求

　　大巧若拙：真正聪明的人，从不显露自己；最完美最灵巧的事物，都似乎很笨拙。语出《老子》："大直若屈，大巧若拙，大辩若讷。"

文化中的残破呆傻崇拜

《红楼梦》第四十回有这么一段情节：刘姥姥二进荣国府住进大观园的第二天早上，贾母率众游园，来到荇叶渚，登上棠木舫，沿河而行。此时正值中秋过后，残荷时节。小说写道：

宝玉道："这些破荷叶可恨，怎么还不叫人来拔去。"宝钗笑道："今年这几日，何曾饶了这园子闲了一闲，天天逛，那里还有叫人来收拾的工夫。"黛玉道："我最不喜欢李义山的诗，只喜他这一句'留得残荷听雨声'。偏你们又不留着残荷了。"宝玉道："果然好句，以后咱们就别叫人拔去了。"

"留得残荷听雨声"，出自李商隐诗："竹坞无尘水槛清，相思迢递隔重城。秋阴不散霜飞晚，留得枯荷听雨声。""残荷"是中国诗词的重要意象，有名的诗句如：菡萏香销翠叶残（李璟）；菊残犹有傲霜枝（苏轼）；闲对残荷把一杯（陆游）；池有残荷掩映秋（孔武仲）；闲数残荷几朵花（黄淑德）；忽入残荷泻石盆（王阳明）。

以残为美，不止荷叶，"枯藤老树昏鸦"历来为人称道。的确，中国文人偏好残破的审美对象，如枯藤老树、衰柳残荷、苍松古木、瘦水枯山、残阳古道、野径荒村、曲梅疏影、丑石断垣等。

其实不仅审美，再看看下面几个例子：

蒲松龄《促织》有这么一个故事：穷人之子身化促织，形貌瘦小，却轻捷善斗。在与一富家少年"庞然修伟"的促织名品搏斗时，小说这样描写道：

小虫伏不动，蠢若木鸡。少年又大笑。试以猪鬣（liè，鬃毛）毛撩拨虫须，仍不动。少年又笑。屡撩之，虫暴怒，直奔，遂相腾击，振奋作声。俄见小虫跃起，张尾伸须，直龁（hé，咬）敌领。少年大

残荷鹰鹭图（吕纪 绘，故宫博物院藏）

骇，急解令休止。虫翘然矜鸣，似报主知。

　　这个其貌不扬的促织，后来甚至与雄鸡搏斗也大获全胜。这故事源自《庄子》，一个叫"纪渻子"的人为国王养斗鸡，他始终不答应让斗鸡出战，直至斗鸡"望之似木鸡"时，才让出战，结果对手都望风而逃。这就是成语"呆若木鸡"的来历。

　　不少读者对金庸小说中的两个地方津津乐道。

　　一个是《天龙八部》中的"扫地僧"。一个扫地的无名和尚，身穿青袍，形容枯瘦，白髯稀疏，寺中高僧都不知其名号，甚至不知其存在。可就是这样一个无名老僧，却功臻化境，秒杀两位绝世高手，且佛法、医理无一不精，不仅让这两位高手起死回生，还让这两大仇敌握手言欢。

　　另一个是《笑傲江湖》中风清扬教令狐冲剑术。风清扬强调招式要活，尤其是"无招破有招"。他说："你的剑招使得再浑成，只要有迹可寻，敌人便有隙可乘。但如你根本并无招式，敌人如何来破你的招式？"

　　中国文化里这样的成语不少，如过慧易夭，多智则谋，大谋不谋，难得糊涂等。

　　这些衰残蠢笨的偏好，都源自一种古老的文化观念：大巧若拙。

"三无之境"与"枯拙之境"

　　大巧若拙，出自《老子》第四十五章："大成若缺，其用不弊。大盈若冲，其用不穷。大直若屈，大巧若拙，大辩若讷。"在老子看来，真正完满的东西看起来都有缺陷，充盈的显得很空虚，正直的好像不正直，灵巧好像很笨拙，卓越的辩才似乎不善言辞。

《老子》中还有许多这种对立概念组合的短语：明道若昧（晦暗），进道若退，夷道若纇（lèi，崎岖不平），上德若谷（低谷），大白若辱（玷污），质真若渝（受污变质）；广德若不足，大音希声，大象无形，建德若偷（刚健的德行倒显得懦弱无力），大方无隅（最大的方形看不到边角）。

老子这种对立组合的短语，除了告诉我们对立统一、相反相成的辩证思维方式之外，更告诉我们，事物的外在表现与内在实质并不一致，有时还恰恰相反，与我们肉眼看到的并不相同，切不可用形式主义眼光去看待和思考，不要执着于表象，因为"信言不美，美言不信。善者不辩，辩者不善。知者不博，博者不知"。

什么才是真境？"大巧若拙"的观念告诉我们，真境是"三无"的境界，真境是"枯拙"的境界。

先说"三无"。

第一，"无"是"无形"。所谓大象无形，大方无隅。

《老子》第二十一章说："道之为物，惟恍惟惚。惚兮恍兮，其中有象；恍兮惚兮，其中有物。窈兮冥兮，其中有精，其精甚真，其中有信。"在老子看来，"道"本无形，恍恍惚惚，若有若无，说其有，无形无相；说其无，又似乎有物有象，"其精甚真"。庄子曾讲过一个"象罔找玄珠"的故事：黄帝游赤水遗失玄珠，先后派了明察秋毫的"离珠"和聪明善辩的"喫诟"去寻找都没找到，最后派了"无思虑、无明目、无言辩，若有形、若无形"的迷迷糊糊的"象罔"，马上就找到了。因为"道"是一种超越形象超越实体的存在。所以，中国文化就有了"得意忘象""得意忘形"之说，并生出了对"空白"的追求。庄子有"虚室生白"，苏轼有"静故了群动，空故纳万境"。画中国画时往往要留一片空白，书法也讲究"飞白"。创作讲空白，欣赏也如此："人但知有画处是画，不知无画处皆画，画之空处，全局所关。"（汤贻汾《画筌析览》）创造者是"羚羊挂角，无迹可求"，欣赏者则要善于"无中见有"。

第二，"无"是"无声"，所谓大音希声。

"希声"并不是没有声音，而是指人们感觉不到声音的存在，"听之不闻，名曰希"(《老子》第十四章)。庄子曾借有焱氏之口描述黄帝"咸池之乐"："听之不闻其声，视之不见其形，充满天地，苞裹六极。"无声是超越声音的存在，是自然全声之美。儒家经典《乐记》也提到："乐者，非谓黄钟、大吕、弦歌、干扬也，乐之末节也，故童者舞之。"对于音乐，就应超越声音本身，去求"德"(儒家)，去悟"道"(道家)，去求性情与情趣，乃至于可以弹奏"无弦之琴"，欣赏"无琴之乐"。

《晋书·陶潜传》就曾记载，说陶渊明并不怎么解音律，但他总是备有一张"素琴"(无弦琴)，每有聚会，便与友朋抚琴相和，还说是"但识琴中趣，何劳弦上声"。素琴也成为中国文化的一个符号，李白《戏赠郑溧阳》说："素琴本无弦，漉酒用葛巾。"白居易《赠苏炼师》说："明镜懒开长在匣，素琴欲弄半无弦。"最有名的是刘禹锡的《陋室铭》："可以调素琴，阅金经。"

唐代学者高郢还专门写了一篇《无声乐赋》，里面说："乐而无声，和之至"；"乐不可以见，见之非乐也，是乐之形；乐不可以闻，闻之非乐也，是乐之声。"

所以就有了白居易"此时无声胜有声"的名句。

第三，"无"是"无言"。所谓"知者不言，得意忘言"。

中国文化对语言的价值一直持怀疑态度，老子认为"道不可道"，"知者不言，言者不知"，于是他提倡"不言之教"。庄子也说，"可以言论者，物之粗也；可以意致者，物之精也"，"意之所随者不可以言传也"，"天地有大美而不言，四时有明法而不议，万物有成理而不说"。儒家也有相同的观点。一次，孔子对弟子们说自己不想说话，理由是："天何言哉？四时行焉，百物生焉，天何言哉？"《周易》也认为，"言不尽意，圣人立象以尽意"。

就这样，中国文化有了排斥语言的传统：庄子是"得意忘言"，陶渊明是"此中有真意，欲辨已忘言"，司空图是"不著一字，尽得风流"，严羽是"羚羊挂角，无迹可求"，姜夔用苏轼的话说，"'言有尽而意无穷者'，天下之至言也"。俗语也有"一桶水不响，半桶水晃荡"，"响水不开，开水不响"。

刘禹锡像

中国文化骨子里是反对言说的，圣哲们也很少有长篇大论式的著述，甚至不屑于著作，其著作多是弟子们编述其言论，甚至是后人的伪作。

我们再来说说"枯拙"。

追求"无"，却并不能真"无"，总要有"有"才能表现，于是便在表现形式上追求"古、老、枯、瘦、荒、曲、破、残、衰、疏、拙、愚"之境。

龚自珍在其《病梅馆记》中曾描画文人画士的审美畸趣："梅以曲为美，直则无姿；以欹为美，正则无景；以疏为美，密则无态。"为追求这种"曲、欹、疏"的畸趣，便"斫其正，养其旁条，删其密，夭其稚枝，锄其直，遏其生气，以求重价，而江浙之梅皆病"。龚自珍虽然是以病梅喻人才，却形象地表现了中国文化的"枯拙"追求。这种追求表现为三：

一、崇古崇老。

文人喜用"古雅、苍古、醇古、古莽、古淡、古秀"等品评艺术作品，欣赏"一枝一叶含古意，一丸一勺蕴苍奇"。绘画则偏爱古道苍山，老树虬枝；书法则讲究"通会之际，人书俱老"（孙过庭），推崇"渐老渐熟，乃造平淡"（董其昌）的所谓极境。

二、崇枯崇瘦崇淡。

宋胡仔说："予观古今诗人，惟韦苏州（唐代诗人韦应物）得其清闲，尚不得其枯淡。"苏轼说，"吾于诗人无所甚好，独好渊明之诗"，说陶诗"癯（qú，瘦）而实腴"。他们都以枯淡癯瘦为诗之极致。中国园林讲究曲径通幽、孤亭瘦石、苍苔碧藓、古意苍然；绘画选材多枯山瘦水；书法讲究"竖如万岁枯藤"。中国艺术就这样讲究在枯中追鲜活，在老中取韶秀。所以苏轼说，"所贵乎枯淡者，谓其外枯而中膏，似淡而实美"，"发纤秾于简古，寄至味于淡泊"，"绚烂之极，归于平淡"。

三、崇拙崇愚。

老庄认为"知者不博，博者不知"，主张"绝巧弃利""绝圣弃知"。

苏轼兄弟继承了这种反智传统，"大智若愚"一语就出自苏轼。苏辙强调唯守拙方能久长，唯守拙方能提升生命质量："故以拙养巧，以讷养辩，此又非独善保身也，亦将以使天下之不吾忌，而其道可长久也。"大诗人白居易甚至写了一篇《大巧若拙赋》来谈建筑与制作，并用其韵脚构成"随物成器，巧在甄中"一句话。明谢榛有《自拙叹》诗："千拙养气根，一巧丧心萌。"明代公安三袁的袁宏道还专门写了一篇《拙效传》，大讲拙的好处。这种思维表现在艺术上，就是以拙为法。明董其昌等论南北宗，认为南宗以拙为法，北宗以巧为法，前者为"化工"，后者为技术主义的"画工"。

"三无"非真无，"枯拙"有真谛

"三无"之"无"，并非真"无"；"枯拙"之"拙"，并非真"拙"。其精神有五。

其一，"无"与"拙"是超越。

追求无形，是为超越眼前实"象"，进入自由天地；追求无声，是不执着于声音而向往浑然天成的"和"境；追求无言，只为突破语言限制，追求言外之意，最终是"得意忘言"。因为艺术的真正价值不在语言层、形象层，更不在技术层，而在超脱于其上的意蕴层，即所谓象外之象、味外之旨、言外之意、韵外之致。

其二，"无"与"拙"是自然。

庄子以完全摆脱外力约束，全凭自然发声的"天籁"表示这种境界。就像《周易·涣卦》那样，"风行水上"，自然成文；就是苏轼的"随物赋形"，"常行于所当行，常止于不可不止"。唐张彦远论画提出五等说，视"自然"为最上品："自然者为上品之上，神者为上品之中。"

其三，"无"与"拙"是"无营"。

最高之境是自然全美，最高的巧是看不出巧，最高的谋略是看不出谋略，不刻意，不营谋，所谓大匠不斫、大谋不谋，所谓"清水出芙蓉，天然去雕饰"。无痕迹的境界，自然而然的境界，才是最高境界。老子"信言不美，美言不信"，也可以解释为：真理用不着刻意修饰，刻意修饰的往往不是真理。孟子也曾说"大而化之之谓圣，圣而不可知之之谓神"。"圣而不可知之"，就是不显山不露水。

庄子曾说过一则"浑沌凿七窍而亡"的寓言：南海大帝名叫倏(shū)，北海大帝名叫忽，他们与中央大帝浑沌关系友好，为报答浑沌的深厚情谊，他们商量说："人皆有眼耳口鼻七窍用来视听、吃喝和呼吸，唯浑沌没有。"于是他们每天为浑沌开凿一窍，凿到第七天，浑沌就死去了。这里所谓浑沌，就是浑然天成，不可刻意营求。

其四，"无"与"拙"是求真。

"大巧若拙"之"拙"，本质就是真。

老子提出"见素抱朴，少私寡欲"，要求复归于朴；其治民的最高境界就是"我无为而民自朴"；他甚至以"朴"来命名"道"："道常无名，朴虽小，天下莫能臣也。"他要求返璞归真，其小国寡民，就是要回归原始，"怀自然，保至真"(《文子·精诚》)。

庄子认为，"圣人法天贵真"(《庄子·渔父》)，其名篇《齐物论》旨在讨论"真人"问题，讨论人怎样达到"真我"境界。他提出的"虚室生白"，就是要人们放空自我，回归真我；"白"就是淳朴之心，就是真我之心。《庄子·山木》记载：孔子被围于陈蔡，断粮七日，太任公跑去批评孔子，说他自我夸耀，功成不退，名声彰显，还教育孔子说，大道流行而不显耀不自居，真正的高人不求闻名于世，应纯朴而又平常，跟愚狂之人一样，你为何汲汲于此呢？孔子听罢，幡然醒悟，便辞亲别友，遣散弟子，逃入大泽，穿粗衣，食野果，与飞禽走兽为伴。

其五，"无"与"拙"的真正目标是反异化，反"机心"。

老庄求真，倡导自然之美，倡导"无营"，是因为人们已经"失真"，汲汲名利，粉饰诈伪。他们认为，世俗给了人们太多诱惑，知识给了人争斗欺诈的能力技巧，人们贪婪争斗，不择手段，作伪欺诈，为贼为盗。所以他们对"机心"极其反感。认为"智慧出，有大伪"，导致人们"见利而忘其真"，"苦心劳形以危其真"，于是呼吁"绝伪弃诈、绝巧弃利、绝圣弃知"，"见素抱朴，少思寡欲，绝学无忧"，"无己""无功""无名"，最后回归本真。

《庄子》里的抱瓮老人就是这样的典型。他宁愿放弃功效百倍的机械不用，却去挖地道，凿水井，抱着瓮坛来回浇地，因为他认定，机械必致机心，机心必致纯洁心灵受染，导致神思不一，无法让大道充实心田。《列子》里说：有个年轻人与海鸥相处融洽，每天好几百只海鸥与他嬉戏。一天，其父要他趁和海鸥关系好捉几只来让父亲玩玩，众鸥鸟便再也不回到他身边了。因为他有了"机心"。

反机心，反异化，保初心，归本真，才是大巧若拙的本质。

尚拙也是一把双刃剑

大巧若拙之类理念，既是审美智慧，更是人生智慧和政治智慧，它与中国文化诸面贯通。如其自然全美精神、反机心观念和平常心，可以看到返璞归真、清静无为的影子；不显摆不夸耀，可以看到韬光养晦的影子；大象无形、大音希声，可以看到味外之旨的影子。而这一切，实际都源于中国人对"道"的痴迷，诸般至境，就是合道之境，道本无形，自然无为，这就是"道进乎技""道法自然"了。

当然也必须指出，大巧若拙之类的观念，太重愚拙，也给中国文化带来了不少负面影响，例如在思维上不重思辨；在人才观上轻视智慧与能力；在文化发展上轻视技术与技艺，如不求形似，胡乱涂鸦，一味妙悟，忽视基本功，导致中国文化中的工匠精神严重不足；在为人上，在艺术创造上，也可能导致"藏拙欺人"。

撷英掇华

原典

上士闻道，勤而行之；中士闻道，若存若亡①；下士闻道，大笑之——不笑不足以为道②。故建言③有之：明道若昧，进道若退，夷道若纇④；上德若谷，大白若辱⑤；广德若不足，建德若偷⑥，质真若渝⑦；大方无隅⑧；大器晚成；大音希⑨声；大象无形；道隐无名。夫唯道，善贷⑩且成。（《老子》第四十一章）

大成若缺，其用不弊⑪。大盈若冲⑫，其用不穷。大直若屈，大巧若拙，大辩若讷。躁胜寒，静胜热。清静为天下正。（《老子》第四十五章）

信言不美，美言不信。善者不辩，辩者不善。知者不博，博者不知。圣人不积⑬，既以为人⑭，己愈有，既以与⑮人，己愈多。天之道，利而不害；圣人之道，为而不争。（《老子》第八十一章）

①若存若亡：半信半疑。②不笑不足以为道：意为道难以为下士理解。③建言：犹老话、古话、俗语。④纇（lèi）：本指丝上的疙瘩，这里比喻粗糙不平。⑤辱：污浊，浑浊。⑥建：同"健"；偷：同"惰"。⑦渝：水变污浊。⑧隅：边，角。⑨希：同"稀"。⑩贷：资助。⑪弊：衰竭。⑫冲：虚。⑬积：积蓄，占有。⑭为人：帮助别人。⑮与：给，赠送。

文本大意　上士听了道，努力去实行；中士听了道，将信将疑；下士听了道，哈哈大笑。不被嘲笑，就不足称为道了。古语有言：光明的道好似暗昧；前进的道好似后退；平坦的道好似崎岖；崇高的德好似山谷；洁白的东西似有污垢；广大的德行好像不足；刚健的德性好似懦弱；质朴纯真好像污秽。最方正的东西，反而没有边角；最大的器皿最后才完成；最大的声响，反似无声无息；最大的形象，反而无形无状。道幽隐而没有名称，无名无声。只有"道"，才能帮助万物，善始善终。

最完满的东西，似有残缺，它的作用永不衰竭；最充盈的东西，好似空虚，它的作用永无穷尽。最正直的东西，好似弯曲；最灵巧的东西，反显笨拙；最卓越的辩才，好似不善言辞。躁动胜过寒冷，清静胜过暑热。清静无为才能统治天下。

真实可信的话不漂亮，漂亮的话不真实。善良的人不巧说，巧说的人不善良。真有知识的人不卖弄渊博，卖弄渊博的人不是真有知识。圣人是不存占有之心的，尽力照顾别人，自己会更充足；尽力给予别人，自己会更丰富。自然的规律是有利万物而不伤害它们。圣人的行为准则是做什么事都不跟别人争夺。

名言

◎大成若缺，其用不弊。大盈若冲，其用不穷。大直若屈，大巧若拙，大辩若讷（nè，说话迟钝）。（春秋·老子）

◎慧智出，有大伪。（春秋·老子）

◎信言不美，美言不信。善者不辩，辩者不善。知者不博，博者不知。（春秋·老子）

◎天地有大美而不言，四时有明法而不议，万物有成理而不说。（战国·庄子）

◎圣人工乎天而拙乎人。（战国·庄子）

◎泽及万世而不为仁，长于上古而不为寿，覆载天地、刻雕众形而不为巧，此之谓天乐。（战国·庄子）

◎用拙存吾道，幽居近物情。（唐·杜甫）

◎留得枯荷听雨声。（唐·李商隐）

◎乐而无声，和之至。（唐·高郢）

◎乐不可以见，见之非乐也，是乐之形；乐不可以闻，闻之非乐也，是乐之声。（唐·高郢）

◎知巧在乎不违天真，非劳形于木人之内；巧在乎无枉物情，非役神于棘刺之中。（唐·白居易）

◎发纤秾于简古，寄至味于淡泊。（宋·苏轼）

◎千拙养气根，一巧丧心萌。（明·谢榛）

◎大智若愚：才智出众者往往不露锋芒，似乎很愚笨。

◎呆若木鸡：呆傻如木头做的鸡一样。本指决斗高手不骄气，不盛气，神光内敛。现多形容痴傻发愣，或因恐惧或惊异而发愣。

◎藏巧于拙：有才能技巧却不显示出来。也指作品表面拙朴，实际内含丰富的技巧。

◎大谋不谋：具有远大谋略的人，表面上好像看不出谋略。

◎过慧易夭：太聪明的人容易夭折。

◎百巧千穷：有才能者境遇反而不好。

第 12 课

温柔敦厚：君子人格与君子文艺

温柔敦厚，指人外表温文尔雅，温顺平和，内在坚实稳重，善良厚道。也指文艺作品委婉含蓄，中正平和。语出《礼记·经解》："孔子曰，'入其国，其教可知也。其为人也温柔敦厚，《诗》教也'。"

诗歌国度与诗的政治化

中国是一个诗的国度，有悠久的诗歌传统。

关于我国最早的歌谣，有两种说法，一种认为是《弹歌》："断竹，续竹；飞土，逐肉。"这首诗可能产生于原始社会或奴隶社会早期，虽然只有八个字，却形象生动，动感十足，韵律优美。还有一种说法，说目前所知中国最早的诗歌可能是约公元前2400年尧帝时代的《击壤歌》："日出而作，日入而息。凿井而饮，耕田而食。帝力于我何有哉！"

我国最早的诗歌文献是第一部诗歌总集《诗经》，所收录的诗歌最早产生于公元前1000年左右的武王灭商以后。自《诗经》后，诗歌一直是中国最主要的文学样式，也是成就最卓著的文学样式。受它的影响，乃至学术著作也多喜韵语。古希腊文明一开始也是以神话和诗歌起头的，产生了著名的《荷马史诗》和后来的抒情诗，但随即让位于喜剧、悲剧、哲学，再后来让位于小说。

《诗经》的收集整理是国家文化工程。

《诗经》收录了我国西周初至春秋中叶的诗歌三百零五篇，时间跨越六个世纪，地域则东到山东，西至陕西、甘肃，南至江汉流域，北到河北、山西一带，大约包括现在的山东、山西、河南、河北、陕西、安徽以及湖北北部的长江流域。按司马迁的说法，当时搜集到的诗歌有三千多首，虽然这个说法受到了后来学者们的怀疑，但其实际数量肯定远远大于《诗经》的三百零五篇的。以当时的交通、媒体状态，要搜集如此多的诗歌，上下五百年，纵横几千里，从庙堂到民间，怎么能做到？

原来，在中国古代有一种特殊的文化制度，那就是采诗和献诗。

《夏书》记载，有"遒人以木铎徇于路"之说，后来《汉书》说得更明白，说古代有专门的采诗之官，叫"行人"，也就是《夏书》中的"遒人"，一般是无子女的五六十岁的老人，在每年春季或秋季八月，拿着一种被称为"木铎"的以木为舌的铃铛，走街串巷，搜集歌谣，并将其汇聚到宫中的乐官手中，然后由乐官将这些歌谣配上音乐，进献给天子，以供天子"观民风，知得失"。这就是所谓的"采诗"。一直到汉代都有乐府专门负责采诗，采集来的歌谣叫"乐府诗"。

另据《国语》和《礼记》记载："天子听政，使公卿至于列士献诗，瞽献曲，史献书，师箴，瞍赋，矇诵。"就是说，从公卿到列士的各级官吏都会向朝廷献诗。目的同样是"观民风，知得失"。

《诗经》成集，汉儒说是孔子删定，但唐代孔颖达、宋代朱熹及清代朱彝尊、魏源都对此说表示怀疑。其实，《诗经》的编写不应是民间行为，而是一项国家文化工程。

《诗经》成书实际早在孔子之前。汉儒说孔子删诗在自卫反鲁之后，而此时孔子年近七十，但在此前，孔子多次提到"诗三百"，可见"诗三百"已是现成书名。尤其《左传》曾记载吴公子季札到鲁国观周乐，所观诗，不仅"风""雅""颂"齐备，且"雅"分《小雅》《大雅》，而《诗经》十五国风只有秦风和曹风没有涉及，且国风顺序除了《豳风》置于《魏风》《唐风》《陈风》《郐风》之前，其余顺序与今本《诗经》完全相同。季札观乐发生于鲁襄公二十九年，即公元前546年，其时孔子才六岁。《诗经》在季札观乐时已经谱成乐曲，不仅周朝排练了，鲁国也排练了，可见《诗经》成书应该远在季札观乐之前。可能在陈灵公即位（公元前613年）之后（《诗经》中最晚的诗歌是讽刺陈灵公的），大约在公元前600年。

季札所观之乐是周朝王室之乐。春秋中晚期，鲁国地位特殊，周礼尽在鲁，鲁国在姬姓诸侯中享有奏天子之乐的特权。所以季札来访，鲁国以周天子音乐招待。孔子没有当过周朝官吏，只在鲁国当过中都宰、司空之类的官，其身份始终是鲁国民间学者，不可能为周王室编订诗乐。而且作为天子之乐，《诗经》当由天子钦定，远非民间所作。《诗经》在当时并非普通的文学读物，而是一种政治和外交礼仪。据学者研究，《大雅》《小雅》百分之八十以上是典礼歌，而《周颂》《鲁颂》《商颂》，本身就是用于宗庙祭祀的乐歌，演唱时不但配有乐曲，还配舞蹈。所以，公子季札是"观乐"，观的是久经排练的仪式化的表演。

《诗经》几乎成为周时代政治外交伦理活动的法典。

据统计，《左传》中贵族们引诗、诵诗、作诗、论诗等多达二百七十多处，其中引诗、诵诗二百三十多处，涉及诗篇一百四十多首。而用诗最频繁的时期是鲁襄公到鲁昭公时代，约相当于公元前572年到公元前510年这六十年，季札观乐恰好发生在这六十年当中。周代贵族，宴会、结盟、朝见、聘问乃至交战等各种场合，需要表达某种态度或立场，为了避免过于直接、生硬以致发生尴尬或不愉快的情况，往往借诗表情达意，这样，言辞委婉得体，颂美而不阿谀，坚定而不激烈。当时，《诗经》不仅代表了温柔敦厚的中和之美，更具有了一种至高无上的法典意义。

文学艺术一经仪式化，一经政治伦理化，当然就具有了教化的意义。

西方诗歌一开始就呈现了其商业价值。荷马就是一位职业诗人，在柏拉图时代，诵诗、写诗、歌唱等形成了一个产业链。而在中国的《诗经》时代，诗人虽然没有职业化，诗歌也没有商业化，但诗歌的采集、编写、应用却得到了贵族们的高度重视，成为一种国家政治伦理行为。

温柔敦厚的双重内涵

《礼记》说："温柔敦厚，《诗》教也。……其为人也，温柔敦厚而不愚，则深于《诗》者也。"在这里，"温柔敦厚"既是指诗歌的教化性目的，也是对人的品性的要求。因而，温柔敦厚的诗教包含了人格美学和文艺美学的双向发展，并成为中华民族伦理和艺术的双重原则。

作为人格美学的一项原则，温柔敦厚强调的是一种君子人格，温

采薇图（李唐 绘，故宫博物院藏）

柔其表，敦厚其质。

温，是既不过冷也不过热，既不冷漠也不过激，既不严厉也不肉麻，是温文尔雅，中正平和。润泽的美玉，是温；"人不知而不愠，不亦君子乎"，是温；"不怨天，不尤人"，是温；"仲尼不为已甚者"，是温；"以道事君，不可则止"，是温；"忠告而善道之，不可则止"，是温；"君子惠而不费，劳而不怨，欲而不贪，泰而不骄，威而不猛"，也是温。

柔，不是柔弱，而是柔韧、柔顺、柔和。其反面是刚烈的刚，不是刚强的刚。柔性如水，善利万物而不争，处下位而容万物，是柔；朝着目标，避高而趋下，随物赋形，曲折前行，更是柔。

温柔的本质在于敦厚的德性。敦与"惇"同义，与"厚"同义。敦厚，是忠诚善良，宽厚爱人，淳朴诚恳，宽容厚重。狭隘，轻浮，刻薄寡恩，不是敦厚；睚眦必报，不是敦厚；气量狭小，不是敦厚；阳奉阴违，不是敦厚。曾参每日三省其身："为人谋而不忠乎？与朋友交而不信乎？传不习乎？"是敦厚。韩愈说，"古之君子，其责己也重以周，其待人也轻以约"，是敦厚。敦厚就是仁。仁者爱人，既忠且恕，就是敦厚。

具有敦厚的仁爱本性，才有真正的温柔。"温柔"是"文"，"敦厚"是"质"，内怀敦厚，外显温柔，才是文质彬彬。从性别说，女子重温柔，男子重敦厚。诗教的目的就在教人成为温文尔雅、敦厚淳朴、仁爱善良的谦谦君子。

这种温柔敦厚的君子人格，就是孔子倡导的中和人格，是中华民族的传统人格。《尚书·舜典》曾记载，舜帝命夔（kuí）掌管音乐，目的就在教育贵族子弟，使其具有"直而温，宽而栗，刚而无虐，简而无傲"的品性。后来周代对君子的要求也是侧重于温、柔、中、和。《诗经》中，"终温且惠"，"言念君子，温其如玉"，"温温恭人"，"嘉柔""柔惠""怀柔""和乐""和平"等词语反复出现。季札观乐，评价《周颂》道："至矣哉！直而不倨，曲而不屈；迩而不逼，远而不携；迁而不淫，复而不厌；哀而不愁，乐而不荒；用而不匮，广而不宣；施而不费，取而不贪；处而不底，行而不流。五声和，八风平；节有度，守有序。盛德之所同也。"这是典型的中和观。《周易》则更多强调了刚柔中正。我们的民族一开始就有如美玉般温柔敦厚的审美取向。

温柔敦厚的诗教,是否要将女性塑造成柔情似水、自怨自艾的柔弱女子,将男人塑造成俯首听命、愚忠愚孝的顺民呢? 也许随着历史的发展,或者因腐儒的无心误导,或者御用文人的故意诱导,我们民族的性格确实是过于柔弱了,产生了一种顺民文化的倾向。

但温柔敦厚诗教的初衷并非如此。也许诗教的提出者正是担心人们对温柔敦厚理解偏差,导致迟钝、柔弱、愚忠、百依百顺,在对温柔敦厚的诗教做说明的时候,特别提出:"其为人也,温柔敦厚而不愚,则深于《诗》者也。"不愚,就是有智慧,就是明事理,懂是非,荀子说:"是是非非谓之知,是非非是谓之愚。"

所以,温柔敦厚有两个层次,一个层次是形式化的温柔敦厚,是不明是非、不明事理的温柔敦厚,无原则的忠诚依顺,是基于"愚"的温柔敦厚,这恰是传统诗教所反对的。一个层次是恪守底线、明辨是非的温柔敦厚。孔子十分反感貌似忠厚平和的"乡愿",认为,"乡愿,德之贼也"。所以,唯智者方能有温柔,唯仁者方能真敦厚。

可以从两个层面来看待温柔敦厚这一艺术原则。

第一层面是艺术表现上的"温柔":情感有节制,表现有分寸,表达讲艺术,风格讲含蓄。

比如《关雎》,作为一首爱情诗,何以被置于《诗经》之首? 孔子认为,它"乐而不淫,哀而不伤"。《毛诗序》评价国风是"发乎情,止乎礼义",就是讲情感有节制。所以,动人的"笑"是巧笑,最美的"看"是顾盼,有力的言辞是"怨而不怒"。汉代对屈原的评价两极分化,班固认为屈原"露才扬己,强非其人",而淮南王刘安和司马迁却认为屈原《离骚》"文约、辞微、行廉、志洁"。无论肯定否定,都是基于"温柔敦厚"之节制、分寸、含蓄的审美标准。

要有节制,要讲分寸,于是便要求有特殊的方法。邹忌希望齐王广开言路,本可直言进谏说君王不听逆耳忠言,那会十分危险,只有察纳雅言,才不会被蒙蔽。但邹忌从自己的相貌谈起,说妻子偏爱、小妾畏惧、客人有求，于是便多溢美之词。这样劝谏，既中听，又在理，齐王自然乐于接受。文学艺术本来就是拐着弯儿说事，如果瞬间刺刀见红，那就不是艺术了。所谓柔，就是韧，就是能拐弯，就是要讲究艺术。于是，在《诗经》是"比兴"，在《楚辞》是"香草美人"，由此形成了中国文学讽喻、寄托的传统，由此形成了中国艺术含而不露、余味悠长的风格。

第二个层面是内容上的发乎真情、思想纯正，强调"修辞立其诚"。

孔子评《诗经》，谓思无邪。许多人不解，《诗经》中那么多爱情诗，怎么圣人还说其"无邪"？但如果说爱情是邪，邪的不是爱情，而是我们的思想，因为我们将爱情等同于色情了。其实，发乎真情的爱，尤其是以婚姻为目的的爱，何邪之有？所以，朱熹引"程子曰"，"'思无邪'者，诚也"。《诗经》里的爱情，是那样优美，那样纯真，那是敦厚之情。

中国文化一直强调"言为心声"，强调"发乎情"，强调"诗者，志之所之也，在心为志，发言为诗。情动于中而形于言，言之不足故嗟叹之，嗟叹之不足故永歌之，永歌之不足，不知手之舞之，足之蹈之"。所以，《周易·文言传》特别强调要"修辞立其诚"，王国维也说，"词人之忠实，不独对人事宜然；即对一草一木，亦须有忠实之意；否则所谓游词也"。当然，儒家所谓的诚，是一种敦厚之诚，于是可能有了更多的伦理色彩，那就是对他人、对社会的一种忠诚，到后来，反而有可能对人的情性有了某些压抑。所以就有了后来的童心说、性灵说起而纠偏。

温柔敦厚的审美价值

这种温柔敦厚的诗教传统可能会导致民族性格偏软弱，偏乡愿，偏圆滑，导致反抗性的削弱。它避免了民族性格向狂热的方向发展，这也可能是中国人始终难以建立起宗教信仰的文化心理原因之一。温柔敦厚的诗教不主张冲突，不喜欢激烈的情感发泄，可能从文化心理上限制了悲剧艺术的发展，也可能在一定程度上限制了浪漫主义的发展，限制了豪放风格的发展。中国历史上像屈原、李白这种浪漫主义作家并不多见，苏辛（苏轼、辛弃疾）词风在很长一段时间内受到排斥。

但是，比较而言，温柔敦厚的诗教对中国文化的审美价值，贡献远大于限制。

它至少有这么几点价值：

其一，它让中国文艺形成了一种独特的韵味美学。什么是艺术？理论家们有许许多多定义，但最具"艺术"特质的恐怕是克莱夫·贝尔的"艺术即有意味的形式"，艺术就是拐着弯儿说事，是授受双方并不说破却心照不宣。心有怨念，却不能叫嚣，不能辱骂；心有感念，心有悸动，却不能直接发泄，但又要巧妙地表达出来。这逼着我们的艺术家们找到一种有意味的形式，比如比兴、寄托、意象、讽喻等。诗如此，文也如此。邹忌讽齐王、触龙言说赵太后，都是温柔敦厚却又效果极佳的讽谏。章学诚在《文史通义》中说，战国之文"深于比兴"，"其源多出于诗教"。哲学讲象外之象，史学讲春秋笔法，文学讲滋味、兴寄，讲味外之旨、韵外之致。正是"温柔敦厚"，使得中国的文学艺术乃至整个文化更具有了艺术范儿。

其二，形成了中国文化含蓄蕴藉的审美特征。温柔敦厚的情感是忽隐忽现的，是含而不露的，是欲说还休的。于经典，是微言大义；于文艺，是余味无穷。辛弃疾说得好："少年不识愁滋味，爱上层楼，爱上层楼，为赋新词强说愁。而今识尽愁滋味，欲说还休，欲说还休，却道天凉好个秋。"为赋新词强说愁，那是少年文艺，不是成熟的中国文艺。成熟的中国文艺，总是言在此而意在彼，总是言有尽而意无穷，总是羞羞答答，欲说还休。说破了，便有违温柔敦厚之旨。如杜牧"一骑红尘妃子笑，无人知是荔枝来"，蕴含对玄宗荒淫好色、贵妃恃宠而骄的讥讽，却含而不露，耐人寻味。再如杜甫《哀江头》和白居易《长恨歌》，两诗题材相同，主旨相似，但杜诗将无穷之恨寄于言外，其辞温婉雅致，含蓄温柔，深得古人喜爱，被认为"得诗人之旨"。而白居易诗"情意失于太详，景物失于太露，遂成浅近，略无余蕴"，在古代评价并不太高。

其三，让中国艺术家比较准确地把握了审美的距离，维持了情与理的平衡。

艺术家被生活点燃了激情，在燃烧的激情中往往难以反省自己的情感，难以梳理自己的生活，这时需要适当冷却，让理性适当抬头。鲁迅先生曾说："极锋利肃杀的诗，其实是没有意思的，情随事迁，即味同嚼蜡。我以为感情正烈的时候，不宜做诗，否则锋芒太露，能将'诗美'杀掉。"温柔敦厚，"怨而不怒，哀而不伤，乐而不淫"，是一种度的把握，是一种艺术的理性精神，是一种情感与理智平衡的状态。温柔敦厚，是一种"和而不同"的中和之美，因为它始终保持了适当距离：因为和，所以不太远；因为不同，所以不太近。不远不近，不冷不热，恰到好处，这就是美的距离。

也正是这种距离，让我们远离了狂热，疏远了冲动，消弭了歇斯底里，控制了雷霆般的暴怒，扼抑了燃烧般的疯狂，从而造就了一种温柔敦厚、中庸和谐的人性之美。

 撷英掇华

《 原典 》

孔子曰："入其国，其教可知也。其为人也温柔敦厚，《诗》教也；疏通知远①，《书》教也；广博易良②，《乐》教也；絜静精微③，《易》教也；恭俭庄敬，《礼》教也；属辞比事④，《春秋》教也。故《诗》之失愚，《书》之失诬⑤，《乐》之失奢，《易》之失贼⑥，《礼》之失烦⑦，《春秋》之失乱⑧。其为人也温柔敦厚而不愚，则深于《诗》者也；疏通知远而不诬，则深于《书》者也；广博易良而不奢，则深于《乐》者也；絜静精微而不贼，则深于《易》者也；恭俭庄敬而不烦，则深于《礼》者也；属辞比事而不乱，则深于《春秋》者也。"（《礼记·经解》）

①疏通知远：通达时政，远知古事。②易良：和易善良。③絜静精微：洁净沉静，推测精微。④属（zhǔ）辞比事：连缀文辞，排比事例。属：连缀。⑤诬：言过其实。⑥贼：此指迷信害人。⑦烦：烦琐。⑧乱：此指乱加褒贬。

文本大意 孔子说："进入一个国家，就可以知道它的教化程度了。国人辞气温柔，性情敦厚，那是《诗经》教化的结果；通达时政，远知古事，那是《尚书》教化的结果；心胸宽广，和易善良，那是《乐经》教化的结果；安详沉静，推测精微，那是《周易》教化的结果；谦恭节俭，庄重诚敬，那是《礼经》教化的结果；善于连缀文辞，排比史事，那是《春秋》教化的结果。各种教化也有各自的弊端。所以《诗》教的弊端在于愚暗不明，《书》教的弊端在于言过其实，《乐》教的弊端在于奢侈铺张，《易》教的弊端在于迷信害人，《礼》教的弊端在于烦苛琐细，《春秋》教的弊端在于乱加褒贬。为人既温柔敦厚又不愚暗不明，那就是深于《诗》教的人了；既能通达知远又不言过其实，那就是深于《书》教的人了；既能宽广博大平易善良又不奢侈铺张，那就是深于《乐》教的人了；既能沉静精微又不迷信害人，那就是深于《易》教的人了；既能恭俭庄敬又不烦琐苛细，那就是深于《礼》教的人了；既善于属辞比事又不乱加褒贬，那就是深于《春秋》教的人了。"

孔子于乡党，恂恂如①也，似不能言者；其在宗庙朝廷，便便言②，唯谨尔。

朝，与下大夫言，侃侃如③也；与上大夫言，訚訚如④也。君在，踧踖如⑤也，与与如⑥也。

君召使摈⑦，色勃如⑧也，足躩如⑨也。揖所与立，左右手，衣前后襜如⑩也。趋进，翼如⑪也。宾退，必复命曰："宾不顾矣。"

入公门，鞠躬如也，如不容。立不中门，行不履⑫阈。过位，色勃如也，足躩如也，其言似不足者。摄齐⑬升堂，鞠躬如也，屏气似不息者。出，降一等，逞颜色，怡怡如也；没阶，趋进，翼如也；复其位，踧踖如也。

执圭，鞠躬如也，如不胜。上如揖，下如授。勃如战色，足蹜蹜如⑭有循。享礼，有容色。私觌⑮，愉愉如也。(《论语·乡党》)

①恂恂(xún)如：恭顺的样子。②便便(pián)言：能说会道的样子。③侃侃如：温和快乐的样子。④訚訚(yín)如：正直恭顺的样子。⑤踧踖(cùjí)如：恭敬不安的样子。⑥与与如：谦恭安详的样子。⑦摈：通"傧"，引导宾客。⑧勃如：庄重矜持的样子。⑨躩(jué)如：快走的样子。⑩襜(chān)如：整齐的样子。⑪翼如：像鸟展翅的样子。⑫阈：门，这里指门槛。⑬齐：衣服下摆的缝，这里指衣服的下摆。⑭蹜蹜(sù)如：小步快走的样子。⑮觌(dí)：相见。

文本大意 孔子在地方上显得温和恭敬，像是不会说话的样子。他在宗庙或朝廷则很善言辞，只是显得很谨慎。在上朝的时候，同下大夫说话，温和而快乐；同上大夫说话，正直公正；国君临朝，孔子则显出恭敬而心中不安的样子，但又谦恭安详。

国君召孔子去接待外宾，孔子脸色便庄重起来，脚步也加快了，他向站在一起的人作揖，向左拱拱手，向右拱拱手，俯仰之间，衣服摆动，却整齐不乱。快步走时，像鸟儿展翅。宾客走后，必定向国君回报："客人已经不回头了。"

孔子走进朝廷大门，小心而恭敬，好像没有容身之地一样。站，他不站在门的中间；走，也不踩门槛。经过国君座位时，脸色庄重，脚步加快，说话似乎中气不足。提起衣服下摆走向殿堂，恭敬谨慎，屏住呼吸。退出来，走下台阶，脸色舒展，显得怡然自得。走完台阶，快走几步，又像鸟儿展翅。回到自己的席位，显得恭谨而不安。

孔子出使诸侯国，拿着圭玉，恭敬谨慎，像是举不起来。向上举时好像作揖，向下拿，好像递给别人。脸色庄重，战战兢兢，脚步谨慎，好像沿着直线前行。献礼时，和颜悦色。私下会见的时候，则显得愉快轻松。

名言

◎言念君子，温其如玉。(《诗经》)

◎直而温，宽而栗，刚而无虐，简而无傲。(《尚书》)

◎其为人也温柔敦厚，《诗》教也。(《礼记》)

◎其为人也温柔敦厚而不愚，则深于《诗》者也。(《礼记》)

◎巧言令色，鲜矣仁！(春秋·孔子)

◎《关雎》，乐而不淫，哀而不伤。(春秋·孔子)

◎有君子之道四焉：其行己也恭，其事上也敬，其养民也惠，其使民也义。(春秋·孔子)

◎君子有九思：视思明，听思聪，色思温，貌思恭，言思忠，事思敬，疑思问，忿思难，见得思义。(春秋·孔子)

◎能行五者于天下为仁矣……恭、宽、信、敏、惠。恭则不侮，宽则得众，信则人任焉，敏则有功，惠则足以使人。(《论语》)

◎子温而厉，威而不猛，恭而安。(《论语》)

◎发乎情，止乎礼义。(《毛诗序》)

成语

◎温文尔雅：态度温和，举止斯文。

◎敦诗说礼：按照《诗经》温柔敦厚的精神和古礼的规定办事。

◎恺悌君子：指品德优良，平易近人的人。

◎穆如清风：和美如清风化养万物。

◎温润而泽：比喻人的态度、言语温和柔顺。

◎怨而不怒：心有不满，却能控制，不使发怒。

◎哀而不伤：忧愁而不悲伤。形容感情有节制，诗歌、音乐优美雅致，感情适度。

◎温良恭俭让：儒家提倡的五种行为准则——温和、善良、恭敬、节俭、忍让。

第 13 课

文质彬彬：形式与内容的协调发展

> 文质彬彬：文采和实质配合得恰到好处。常用来形容人的气质温文尔雅，行为文雅有礼，或者作品形式与内容协调。语出《论语·雍也》子曰："质胜文则野，文胜质则史，文质彬彬，然后君子。"

中国文化很善于思考事物之间的关系，如本书涉及的形神关系、虚实关系、言意关系、文道关系、道技关系等，同样，文质关系也是中国古人喜欢思考的一组关系。

文明之初的文质思考

"文"，是"纹"的古字。甲骨文中"文"的字形是对纵横交错的纹路的描摹，意指纵横交错的纹路。后来引申为装饰性图案，后来再引申为纹饰、修饰、文采、文字、文明、文章、文化、文采、文教礼仪等。

质，原意是指为求赎金，用刀斧劫持做抵押的人，后来逐渐引申为质朴（本来的、真实的），再引申为本质（本来的特征，根本的特性，内在的品质）。

文、质二字的产生，本身就意味着对文质关系思考的开始。不过对文质关系思考的具体记载，可以追溯到《左传》，更远可以追溯到《周易》。

《左传》和《国语·晋语》都记载过一个故事。大约在公元前620年前，晋国宁邑有个旅店，主人姓嬴，他一直在暗中寻找一个自己可以追随的君子，却一直没有找到。终于有一天，晋国大夫阳处父代表晋君出使楚国，入住嬴氏的客栈。阳处父曾率兵与楚国交战，在粮草将尽之际，用计使楚军后退，自己乘机退兵，并用离间计杀掉了楚军主帅。此人仪表堂堂，举止不凡。嬴氏一见，便成了阳处父的粉丝，离妻别子，追随他而去。

可是不多久，嬴氏却又折了回来。妻子见丈夫回来，好生奇怪，说："你好不容易找到了可以追随的君子，怎么这么快就回来了？"原来，阳处父和店主人嬴氏一路上东拉西扯。嬴氏听后，觉得这阳处父虽然仪表堂堂，可是言语令人生厌。嬴氏认为，人的外貌和才华性情要相当，语言应能反映其才情，而这个阳处父言语可憎，"华而不实"，嬴氏担心跟他一去，不仅得不到好的教育，反倒可能遭受祸害，便打道回府了。果然，第二年，阳处父就被人杀了。这就是"华而不实"这个成语的来历。

关于文质关系的最早文献应该是《周易》。《周易》六十四卦有一个专门讨论文质关系的卦，叫《贲》卦。

"贲"字，上面是花卉的"卉"，下面是贝壳的"贝"。其最初的含义有两说，一说是鲜花盛开的饱满状态，《尚书》有"贲如草木"之说。另一说是"装饰"的意思。《说文解字》说，"饰也"，女子将花卉戴在头部，男子将贝壳挂在胸前，都是用来装饰。《诗经·小雅·白驹》："皎皎白驹，贲然来思。"意思是，光亮洁白的小白马，打扮得漂漂亮亮来我家。

《贲》卦的"贲"就取装饰之义。《序卦传》解释说："贲者，饰也。"整个《贲》卦的六条爻辞就是描述装饰迎亲的情景。第一爻说修饰脚指头，舍车徒步行，以展示脚趾的美丽。第二爻说装饰胡须。第三爻说装饰得光亮鲜艳。第四爻说装饰得浑身洁白，骑着白马去迎亲。第五爻写女方装饰庭院。第六爻说素净的装饰，没有害处。实际是说，返璞归真，不尚奢华，并没有害处。卦辞说，《贲》卦的基本特性是亨通的，正像后来《周易·象传》所说的，"柔来而文刚，故亨"，阴柔纹饰阳刚，所以亨通。当然，《贲》卦也告诉我们，不可文饰过度。而从《贲》卦的卦象看，上卦是《艮》卦，为山；下卦是《离》卦，离代表火，代表太阳。合起来就像一幅山水画：太阳斜照山边，霞光辉映大地，天空五彩斑斓。

西周是一个重视礼仪、重视文化的时代，是中国文化发展的第一个高峰。西周重视文化，从《贲》卦可见一斑。从那开始，就已定下了中华文明"以质为主、文质兼备"的理性的文质观。

文质观念的两种倾向

先秦诸子都有对于文质关系的思考，大致可以分成两派。一派是道、墨、法，重质轻文，甚至反文，比较偏激。

老庄是反"文"的。在文质关系上，老子的基本观点是"返璞归真"。他认为"五色令人目盲，五音令人耳聋，五味令人口爽"，"大音希声，大象无形"，"大巧若拙"，甚至"信言不美，美言不信"，所以要"见素抱朴"，追求本色，乃至不惜回归到原始时代。

老子反对文饰，强调返璞归真，是有其时代背景的。

实际上，文明的发展总是由质朴而渐趋文饰的。《礼记·表记》曾引用孔子的话说："虞夏之质，殷周之文，至矣。虞夏之文，不胜其质；殷周之质，不胜其文。"说明虞夏之时是一个质朴的时代，而历史发展到殷周，越来越趋向于文饰，孔子曾说，"周监于二代，郁郁乎文哉"。可见，周时代相对于虞夏而言，其文可能十分繁盛，繁盛到"质不胜文"。所以，老子强调无为，顺其自然，也就是不文饰，不雕琢，复归于婴儿，复归于纯朴。

如果说老子强调的是朴，那么庄子则更强调"真"。这里有件事很值得我们注意。《庄子》之前的古籍很难找到"真"字，《诗经》《尚书》《礼经》《周易》《春秋》《论语》《左传》《孟子》中，竟然没有出现一个"真"字。"真"字似乎是老庄尤其是庄子的发明。《老子》中出现三次，《庄子》中出现三十八次。"真"是《庄子》的核心概念。庄子之"真"主要是养真性，做真人。《庄子》中"真人"这个双音节词出现十三次，《大宗师》一文主要就在讨论"真人"。庄子认为，文饰毁灭了人的真情真性："文灭质，博溺心，然后民始惑乱，无以反（返）其性情而复其初。"（《庄子·缮性》）文饰浮华毁坏了质朴之风，广博的俗学淹没了纯真的心灵，人们受诱惑而迷乱本心，也就无法回归原初时代的真情真性了。所以，他提出要"缮性"，缮性，就是养真性，归真情。要缮性，便要"灭文章，散五采"。

道家是以偏激之词，纠文明之偏。

墨子主张节用，尚用，尚质，不尚文，甚至竭力反对文饰，反对美的形式。他认为美的文饰对于社会生活没有什么价值，在他看来，宫室、衣物、舟车等，只要好用就行，不必有锦绣、刻镂、文采之饰。他甚至认为，锦绣之类都是乱君所造，是造成老百姓饥寒交迫的原因："当今之主……必厚作敛于百姓，以饰舟车，饰车以文采，饰舟以刻镂。女子废其纺织而修文采，故民寒，男子离其耕稼而修刻镂，故民饥。"

法家也从实用主义立场出发反对文饰。韩非子可为代表。

韩非子十分欣赏墨家对于文质的观点，认为"文"只是追求富丽的无用之饰，不仅无助于质，甚至会影响质的表现，于是主张"去淫丽"。他曾引用墨家学派田鸠的两个寓言故事来表达他的文质观。

一个是"秦伯嫁女"。寓言说，秦伯把女儿嫁给晋国的公子，晋国准备了许多首饰服装，陪嫁的婢女有七十人，人人盛装彩服，不料晋国公子喜欢盛装的陪嫁女，反而看不起秦伯的女儿。一个是"买椟还珠"。是说一个卖珠宝的商人用名贵的兰木做珠宝盒，用珠玉点缀，翡翠装饰，用香料熏制，结果买珠宝的人看中了盒子，珠宝反而没卖出去。

两个寓言的结论是文害于质，文害于用。韩非说："和氏之璧，不饰以五采；隋侯之珠，不饰以银黄。其质至美，物不足以饰之。夫物之待饰而后行者，其质不美也。"所以，"君子取情而去貌，好质而恶饰。夫恃貌而论情者，其情恶也；须饰而论质者，其质衰也"。

另一派是儒家，持的是比较理性的、中和的文质观。

儒家是不反文的，因为儒家吃的就是"文"饭。"儒"，一开始并非一个学派，而是一种职业。春秋末期，西周传承下来的文物制度逐渐形式化，诗书礼乐的思想好像变成了单纯的仪式和教条，儒者就是在仪式上背诵古训或者教人背诵古训的人。孔子早年应该就是儒者的从业人员，他不可能像老子那样彻底反对所谓"文"。但是，孔子的伟大就在于，他超越了儒者的职业，对文与质的关系做了认真的反思。

《论语·八佾》记载，子谓《韶》："尽美矣，又尽善也。"谓《武》："尽美矣，未尽善也。"这充分证明，孔子是从文与质的结合来思考文质关系的。

他充分肯定"文"的价值，高度赞美周代之文，对文王顶礼膜拜："周监于二代，郁郁乎文哉，吾从周。"他以继承周代文明而自豪，以恢复周礼为己任，所以，孔门四教，"文行忠信"，文居其一，甚至排第一位。一次，他在匡地被人拘禁，喟然长叹道："文王既没，文不在兹乎？天之将丧斯文也，后死者不得与于斯文也；天之未丧斯文也，匡人其如予何！"文王死后，周代的文明文化不全都在我这里吗？如果老天爷真的要让周代文化失传，干吗让我孔子来掌握这周代文化呢？如果不是要消灭周代文明，那匡人应该不会将我怎样吧？

在具体事物方面，孔子也十分重视文饰。《左传》曾经引用孔子的话说："言以足志，文以足言。不言，谁知其志？言之无文，行而不远。"说话写文章没有文采，怎么可能流传久远呢。在《论语》中，孔子举过一个例子："为命，裨谌草创之，世叔讨论之，行人子羽修饰之，东里子产润色之。"讲的是郑国外交辞令的拟定过程，先是命大夫裨谌拟稿，接着要世叔拿去研究提出修改意见，再叫外交官子羽进行修改，最后叫宰相也是著名学者子产加以润色。这个例子应该是"言之无文，行而不远"最好的注脚。

作为理性的学者，孔子没有陶醉在周代的"郁郁乎文"中，他更多在反思周代之文带来的问题，他说："虞夏之质，殷周之文，至矣。虞夏之文，不胜其质；殷周之质，不胜其文。"从这反思中，他发现了两点：

一是文质要配合协调，所谓"文质得中"，也就是他在《论语·雍也》中提出的著名观点："质胜文则野，文胜质则史，文质彬彬，然后君子。""质胜文则野"好理解，质朴超过文饰，就会显得粗俗、土气。史，是文辞繁多、虚浮不实的意思。因为史官长期掌管文书，习惯于注重文辞修饰，古人有"辞多则史"的说法。"文胜质则史"就是文饰胜过质朴，就会显得虚浮。只有文质中和，二者配合得恰到好处，才是君子境界。

其二，要做到文质彬彬，非常难，即便是孔子十分崇拜的周，还是质不胜文。

如果二者难以得兼，那么何者为先？在这一点上，孔子超越了儒者职业，没有囿于"文"，他强调先质后文，以质为主，辅之以文。

据古籍记载，孔子曾卜到《贲》卦，心中不痛快。他的学生子贡说，《贲》卦也很好啊，怎么说不吉利呢？孔子说，白就要纯白，黑就要纯黑，"贲"是装饰的意思，有什么好呢？装饰了，就不是正色了。他还说：红漆、白玉、宝珠都不加修饰，因为它们质地优异，何必再加修饰呢？正是基于这样的思考，在看待礼乐问题上，他将"仁"的内容摆在首位。他说："礼云礼云，玉帛云乎哉？乐云乐云，钟鼓云乎哉？"礼乐，难道仅仅是玉帛钟鼓吗？"人而不仁，如礼何？人而不仁，如乐何？"人没有仁爱之心，拥有再多的钟鼓玉帛都没用。在谈到丧礼时他说："与其易也，宁戚。"周到妥帖的礼仪远远赶不上心中的伤悲。

一次，孔门十哲之一的子夏问孔子，《诗经》中"巧笑倩兮，美目盼兮，素以为绚兮"是什么意思。孔子回答说："绘事后素。"意思是，有了洁白的底子，才能绘出漂亮的图案。子夏说："礼后乎？"是不是做人要先有仁德，然后才是礼？孔子大加赞赏："起予者商也，始可与言《诗》已矣。"认为子夏能给他很大的启发。这是典型的先质后文。

基于以质为主的思想，他对语言的要求就是"辞达而已矣"。一方面重视文辞，辞达，并非不修饰文辞，就像苏轼所说："夫言止于达意，即疑若不文，是大不然。求物之妙，如系风捕影，能使物了然于心者，盖千万人而不一遇也，而况能使了然于口与手者乎？是之谓辞达。辞至于能达，则文不可胜用矣。"另一方面，文辞能够有效地表达思想感情就足够了。"而已"，就是强调不要过分修饰。所以他认为"巧言乱德"，"巧言令色，鲜矣仁"，"巧言令色足恭，左丘明耻之，丘亦耻之"，"君子耻其言而过其行"。

孟子基本继承了孔子的文质观，不反对文饰，但也以质为先，提出"充实之谓美，充实而有光辉之谓大"，充实是美的前提，但既要充实又要有光辉。

荀子持文质兼备的观点，他相当重视文饰。在他看来，真正好的事物既要有善的品性，也要有美的形式，他说："诚美其德也，故为之雕琢、刻镂、黼黻（fǔfú）、文章以藩饰之，以养其德也。"他甚至赞美道："言语之美，穆穆皇皇；朝廷之美，济济锵锵。"他认为"文而致实……是士君子之辩"，主张"文貌情用，相为内外表里"。他指责"好其实，不恤其文"的人为"鄙夫"，批评墨子"蔽于用而不知文"。

文质观念的三个层面

文质关系的思考，最先是伦理层面。如《左传》中宁赢氏考察阳处父，孔子说"文质彬彬，然后君子"，孔子谈礼乐与仁的关系，老子的"五色令人目盲"，以及"信言不美，美言不信"，庄子的真人思想，都是从伦理的角度来思考文质关系的。

然后，再由伦理进而到了历史文化层面。如孔子的"周监于二代，郁郁乎文"，"虞夏之质，殷周之文"，后来董仲舒的"王者以制，一商一夏，一质一文"，都是在自觉地用文质关系观察历史。

在诸子那里，文质关系也进入审美层面，也涉及语言的形式与内容，如"言之无文，行而不远"，以及"辞达而已""信言不美"等。汉代以后，文质关系基本集中到了美学层面，并主要成为对文章辞赋的评价标准。而其基本的主张乃是以质为主、文质兼备、文质依存。

西汉扬雄认为，"圣人，文质者也"。圣人就是文质统一的代表。东汉王充则提出和谐相称观，他认为文与质就像禽兽之毛与体的关系，体之不存，毛将焉附，"实诚在胸臆，文墨著竹帛，外内表里，自相副称，意奋而笔纵，故文见而实露也"。

南朝梁刘勰重视文采，其《文心雕龙》专门写有《情采》一章探讨文质关系，明确提出"文附质""质待文"，观点相当辩证：一方面，水性虚软，才会有微波荡漾；有营养输送，树木才会鲜花盛放。另一方面，虎豹如果没有独特的花纹，那与犬羊何异？犀牛虽然有皮，但用它制成铠甲也要涂抹红漆。唐代白居易就文学作品的文质关系有更为形象的表达："诗者，根情，苗言，华声，实义。"

不过，真正要辩证对待文质，做到如孔子所谓"文质得中""文质彬彬"，实在很难。就像清代姚鼐所说，"夫诗之至善者，文与质备，道与艺合"，"若是者，千载中数人而已。其余不能无偏：或偏于文焉，或偏于质焉"。

的确是这样，一部文学艺术史，乃至整个中华文化史，就是一部文与质的畸轻畸重动态平衡史。清代刘逢禄说："殷革夏，救文以质，其敝也野。周革殷，救野以文，其敝也史。殷周之始，皆文质彬彬者也。"夏商周，文质互代。春秋战国是一个动乱的年代，文质关系比较复杂。汉代重质而不忽视文，反对过度的文饰，反对徒具形式、缺乏内容的作品。南朝的文学代表是骈文，讲究格律、辞藻、用典，内容多富贵闲愁，风格偏华丽纤弱，其文化整体出现文胜质的倾向。刘勰、钟嵘等起而纠偏，批判齐梁文风。韩柳欧苏的唐宋古文运动，则是对六朝以来讲究排偶、辞藻、音律、典故的文风的反拨。

 撷英掇华

《原典》

孔子论"文质彬彬"

质胜文则野[①]，文胜质则史[②]，文质彬彬[③]，然后君子。（《论语·雍也》）

①质：质地，引申为品质。文：花纹，引申为文采。野：粗朴。②史：掌管

文书的史官。史官长期掌管文书，难免过于注重修饰文辞，导致诚信不足。③彬彬：配合得当。

文本大意 孔子说："内在的品质胜过外在的文采，就会过分拙朴；外在的文采胜过内在的品质，就会浮夸虚伪。文采与品质配合得宜，这样才称得上君子。"

子谓《韶》①："尽美矣，又尽善也"。谓《武》②："尽美矣，末尽善也。"（《论语·八佾》）

①《韶》：传说中上古虞舜时代的乐舞。②《武》：周武王时代的乐曲。

文本大意 孔子评价舜乐《韶》："美到极致，也善到极致了。"评价周武王乐曲《武》说："美到极致了，但还不能说善到极致。"

冬十月，子展相郑伯如晋①，拜陈之功②。子西③复伐陈，陈及郑平④。仲尼曰："《志》⑤有之：'言以足志，文以足言。'不言，谁知其志？言之无文，行而不远。晋为伯⑥，郑入陈，非文辞不为功。慎辞也！"（《左传·襄公二十五年》）

①子展相郑伯如晋：子展作为郑简公的礼仪官和郑简公一起去晋国。子展：春秋时郑国官员。②陈之功：郑国向晋国奉献了陈国的战利品。③子西：春秋郑国国卿，子产的同宗兄弟。④陈及郑平：郑再次伐陈，使其完全归附。⑤《志》：指某本古书，具体不知何指。⑥伯：通"霸"，诸侯之长。

文本大意 冬季十月，子展作为郑简公的礼仪官一起出使晋国，拜谢晋国接受他们奉献陈国战利品之功。郑国子西再次发兵进攻陈国，陈国和郑国讲和。

孔子说："古书上说：'言语用来表达意愿，文采用来修饰言语。'不说话，谁知道他的意愿是什么？说话没有文采，不能广泛流传。晋国成为霸主，郑国攻伐陈国，惹得晋国不高兴，不是善于辞令就不能成功。要谨慎地使用辞令。"

《文心雕龙》论文质

圣贤书辞，总称文章①，非采而何？夫水性虚而沦猗②结，木体实而花萼振，文附质③也。虎豹无文，则鞟④同犬羊；犀兕有皮，而色资丹漆，质待文也⑤。若乃综述性灵，敷写器象⑥，镂心鸟迹之中⑦，织辞鱼网之上⑧，其为彪炳，缛采名矣⑨。（刘勰《文心雕龙·情采》）

①文章：本指刺绣上的五彩花纹，这里指富有文采的文字。②沦漪：即涟漪。③文：文采。附：依附。质：质地。④鞹（kuò）：革，去毛的皮。⑤犀兕（sì）：犀，雄犀牛。兕，雌犀牛。资：靠。丹：红色。犀牛皮坚韧，古代用来做盔甲，并涂丹漆。⑥敷写器象：铺叙描写器物形象。⑦镂心：精细雕刻推敲。鸟迹：文字。⑧织辞：组织文字，指写作。鱼网：纸。蔡伦用渔网、树皮、麻头造纸，故用渔网代纸。⑨彪炳：文采焕发，光耀照人。缛采：繁富的文采。

文本大意 古代圣贤的著作，都称为文章，如果不是因为它们有文采，那是因为什么呢？由于水的本性空灵，才有微波荡漾；由于树的本性沉实，才有花儿开放。这说明文华离不开素质。虎豹的皮如果没有斑纹，那就和犬羊一样了；犀牛虽然有皮，但用作器物时，要靠涂上丹漆，才有漂亮的颜色。这说明素质有赖于文华。至于抒写性灵，刻画形象，将内心活动用文字描绘出来，将词句从纸笔间组织起来，那它所以能光彩照人，是由于有丰缛的文采就更明显了。

《 名言 》

◎质胜文则野，文胜质则史。文质彬彬，然后君子。（春秋·孔子）

◎苗而不秀者有矣夫，秀而不实者有矣夫。（春秋·孔子）

◎言之无文，行而不远。（春秋·孔子）

◎辞达而已矣。（春秋·孔子）

◎虞夏之质，殷周之文，至矣。虞夏之文，不胜其质；殷周之质，不胜其文。（春秋·孔子）

◎文质得中，岂易言哉？（春秋·孔子）

◎言语之美，穆穆皇皇；朝廷之美，济济锵锵（qiāng）。（济济锵锵，金属撞击等响亮、清脆之声）（战国·荀子）

◎充实之谓美，充实而有光辉之谓大。（战国·孟子）

◎夫水性虚而沦漪结，木体实而花萼振，文附质也。虎豹无文，则鞹同犬羊；犀兕有皮，而色资丹漆，质待文也。（南朝梁·刘勰）

◎诗者，根情，苗言，华声，实义。（唐·白居易）

◎夫言止于达意，即疑若不文，是大不然。……辞至于能达，则文不可胜用矣。（宋·苏轼）

◎夫诗之至善者，文与质备，道与艺合。（清·姚鼐）

成语

◎ 金相玉质：比喻文章的形式和内容都完美。也形容人相貌端美。

◎ 德才兼备：既有德，又有才；品德和才能都好。

◎ 质而不俚：质朴而不粗俗。

◎ 尽善尽美：善的内容与美的形式完美统一。

◎ 情文并茂：形容文章的思想感情和文字都很美。

◎ 秀外慧中：外表秀丽，内心聪明。

◎ 华而不实：比喻表面好看，但没有实际内容。

第 14 课

气韵风骨：精神生命的灵气与浩气

气韵风骨，原为魏晋人品评人物的用语，后来成为文艺批评的术语。气韵，指人或文艺作品洋溢着灵动的生命力，有一种生动传神的审美韵味。风骨，指人刚正的气概和顽强的风度、气质，也指文艺作品内容充实、情感健康、文辞生动、劲拔有力。语出南齐画家谢赫《古画品录》，他在书中提出"谢赫六法"，第一法即"气韵生动"。他评画家曹不兴说："观其风骨，名岂虚成！"

魏晋人物品评的三大变化

"气韵风骨"的概念产生于魏晋时期的人物品评。

早在先秦时代，国人就比较重视人物的品评，到汉代察举制，就有了很强的人物品评意味。到东汉末年，人物品评之风应该是很盛了。有一个故事颇能说明这一点：东汉末年有个叫许劭的，是当时著名的人物评论家，据说他每月都要对当时的人物进行一次品评，人称为"月旦评"。时人以能受到他的品评为荣。据《后汉书》记载，在曹操还没有发达的时候，曾经置办厚礼，谦卑地请求许劭为他看相并加以品评，许劭看不起曹操，不愿为他看相品评，后来曹操竟然找了个机会威胁许劭，许劭迫不得已为他看相，说如果是在清平之世，你是个奸臣；如果是在乱世，你会成为英雄。曹操才非常高兴地离开了。

东汉末年，察举制已为门阀士族操纵利用，滋生了种种腐败，尤其汉魏之际，战乱频仍，察举制遭到严重破坏。后来魏文帝曹丕采纳陈群建议，开始实行九品中正制。九品中正制大体是指由各州郡分别推选德高望重的官员担任"中正"，负责人才品评，人才分为九等，上上、上中、上下、中上、中中、中下、下上、下中、下下，分别品第，并加评语。品评主要包括三个方面内容：一是家世，即家庭出身和背景。二是行状：即个人品行才能的总评，相当于品德评语。三是定品：即确定品级。三者的核心是"行状"，"定品"原则上依据的是行状，家世只做参考。

九品中正制的推行，使人物品评成了魏晋的流行风。当时产生了许多品鉴人物高下的文章，它们或品鉴君王，如曹丕的《周成汉昭论》，曹植的《汉二祖优劣论》；或品评士人，如王粲的《汉末英雄记》。还出现了品鉴人物的专著，如曹丕的《士操》，刘劭的《人物志》等。并出现了《世说新语》这样主要记录当时人物品评状况的文学名著。

到魏晋时期，人物品评出现了三大变化：

第一大变化是：由重视德行伦理，转向重视禀赋才性。孔子品人以"君子"为标准，外重礼，内重仁。汉朝察举制侧重人物品行，如"孝""廉"。但魏晋九品中正制对人物的评价多是"天材英博、亮拔不群""德优能少"等偏重秉性才情的评语。德行的因素在减弱，性情的因素在增强。

第二大变化是：由人才选拔的实用功利性转向审美鉴赏性。晋以后，九品中正制已经完全操纵在世家大族手里，出身寒门者行状评语再高，定级也在下品，豪门则行状不佳亦可列为上品，这样，行状评价已从政治选拔的"定品"中脱离出来，纯粹成了对人物的审美赏鉴。

第三大变化是：由实而虚，由形而神。由于佛学的引入、玄学的兴起，人物品评由具体实在的形貌、人物的实际品行逐渐走向偏重气质、精神、风姿、神韵等精神化的品评。魏晋时期是中国人精神生命的觉醒期，非常重视人的神韵、风姿、气质、个性等精神气质，关注的是人的形貌风度与言谈。

魏晋审美的五大观念

魏晋时期，品评人物走向审美化，最看重的是这五个字：气、神、骨、风、韵。

第一个字是"气"。

"气"是中国传统观念中最神奇的一个字，从老子开始，它就成为中国文化的根本性概念。在古人看来，万物生于气，气生于道，气有形而道无形。如果说宇宙的根本在"道"，而人的根本则在气，气维持着人的物质生命，它是一切组织活动的营养所系，如天地灵气、山川浩气，人的精气、津气、水谷之气、呼吸之气。

同样，人的精神生命也全赖于气，所谓精气神。于是，人的物质生命与精神生命最终都归结为气。在中医和先秦哲学中，"气"更多的是一种物质性因素，而在魏晋的人物品评中，则更多的是精神元素。魏晋品评人物，多用"气"字。"气"字除单独使用外，更与其他字组合，形成如才气、骨气、辞气、意气、神气、隽气、风气、生气、爽气、豪气等多个双音词。其中"神气"与"意气"的使用最为普遍。魏晋人借"气"来表达生命尤其是精神生命的动态，"气"是生命的内在张力。

第二个字是"神"。

"神"，也是中国文化特别关心的问题，而且从整体上形成了一种重"神"轻"形"的文化特点，所谓"形而上者谓之道，形而下者谓之器"。道即神，至高无上；器即形，卑微无足道。到《列子》以及汉代《淮南子》还提出了"君形说"，强调以神为主。至魏晋南北朝，佛学传入，玄学兴起，"神"字则更神乎其神了。这样，"神"就成了魏晋南北朝人物品评的当然用字，并相应组成了神气、神明、神色、神俊、神悟、神意、神宇、神姿、神锋、神情、精神、风神、神韵、神貌、神识等一系列同义性概念。在魏晋南北朝，"神"字的组词能力特强，几乎成了当时的第一流行字。

第三个字是"骨"。

早在汉代，人们就很看重"骨"。汉代王充著有《论衡》，反对虚妄邪说，但设一专章《骨相》来阐述骨相学的价值，认为可以根据骨骼形体而察知人的命理。汉代观人重相法，尤其是骨相，由外貌、骨相推知人的内在，汉魏之初仍是如此，《三国志》记载了很多相学家，如管辂、朱建平、柳无景等。至晋代，骨相学成为专门学问。魏晋继承了汉人以骨品人的传统，《世说新语》多有记载，如王羲之评祖约"风领毛骨，恐没世不复见如此人"，评价陈玄伯"垒块有正骨"；时人评阮裕"骨气不及右军"；蔡系说"韩康伯虽无骨干，然亦肤立"。

第四个字是"风"。

"风"是魏晋人重新发掘的一个审美概念。"风"在先秦典籍中主要是指自然之风，间或涉及风化之风、风气之风和"国风"。直到孟子提出"伯夷之风""柳下惠之风"，才与人物品行挂钩；而到宋玉的《风赋》，描写大王雄风："夫风生于地，起于青蘋之末。侵淫溪谷，盛怒于土囊之口。缘泰山之阿，舞于松柏之下……"风便具有了美的形态。曹植《洛神赋》描写"飘摇兮若流风之回雪"，更让风有了极致的美感。阮籍的《大人先生传》多次写到风，如"风起而云翔"，"往来如飘风"，"风飘摇而振衣……扬清风以为旟（yú，旗帜）兮"，"飏（yáng，同"扬"）春风"，"浴太始之和风"，"雨蒙蒙"，"风浑浑"，等等，多方面展现了风的美态。加上王羲之的"惠风和畅"，陶渊明的"风飘飘而吹衣"等，风在魏晋已经完全进入了美学的殿堂。

魏晋人看中了风的飘摇、和畅，看中了风的温馨流动、富于变化，发掘了"风"的人性的美感，大量使用"风"来品评人物，如风格、风骨、风气、风神、惠风、清风、长风、风流、风仪、风概、风韵、风姿、风范、风味、风德等，甚至比"气"用得还多。人物之"风"是什么，很难说清，应该是源于"气"，但气更偏于内，风则形于外。

第五个字是"韵"。

"韵"更是魏晋南北朝人的审美发现。中国人自觉而大规模研究语言始于汉朝，当时出现了一大批杰出的语言学家。但汉代研究语言主要依附于经学的字句阐释，而魏晋南北朝则更重视语音研究，尤重语音的审美研究，其核心就是"韵"。王力先生曾将魏晋至唐宋称为语言学上的韵书时期。南北朝时，韵书蜂出，仅《隋书·经籍志》记载的韵书就有几十种。南北朝人发现了语言的声韵之美，齐梁时期，沈约提出了著名的"四声"说，要求将平、上、去、入四声相互调节的方法应用于诗文，为当时韵文的创作开辟了新境界。

汉末建安时代，诗歌逐渐追求声律，晋代的赋也开始重视声律，六朝文学声律化的典型就是骈文的产生。骈文，实际就是文章的韵语化，基本点在一个"韵"字。齐梁时，甚至产生了一种类似于后来"次韵奉和"的"赋韵"游戏，就是在宴饮之时，选定某个韵部，将不同的韵字分配给同桌诸人，让其按规定的韵脚字赋诗，或者凑成同一首诗，或者在定下一韵之后，同桌诸公抓阄确定韵脚字和顺序，共同作诗。

洛神赋图（局部）（顾恺之 绘）

不仅文学创作如此，人们在日常生活中也非常重视语言的韵律之美。宋代阮阅编撰的《诗话总龟》说："南北朝人士多喜作双声叠韵。"当时有许多人的双声叠韵语都记录在史册。不仅士人如此，甚至连文盲也这样。北魏杨衒之《洛阳伽蓝记》就曾记载当时一位名士与一个叫春风的婢女用双声词对话的情景。

魏晋南北朝是一个玩"韵"的时代，是一个崇尚"韵"的时代。最终他们将这个本来指和谐的声音、韵脚、韵母的"韵"字，用来表达一种类似于音乐旋律和节奏所生成的不可捉摸的心灵脉动和情调气质。形成了诸如风韵、高韵、气韵、神韵、韵度、大韵这样的审美词语。

其实，"韵"这个字本身就是为美而生。韵，原本作"韻"，《说文解字》解释为"和"。从"音"，"员"声。"员"是"圆"的本字，韵的意思，就是音之圆者。《文心雕龙》说："异音相从谓之和，同声相应谓之韵。"所以从其本义看，"韵"是指和谐的声音、韵脚、韵母等。

这里还隐含了两层意思：一、韵是一种美；二、以和为美。南北朝人借这个字表达了一种极致的美感。自此，中国文学艺术以"韵"为审美的至境。宋代黄庭坚说："书画当观韵。"明代李日华说："凡状物者，得其形，不若得其势，得其势，不若得其韵。"宋代范温甚至说："韵者，美之极。"的确，涉"韵"的汉语组词无不美好：韵味、韵致、风韵、丰韵、气韵、神韵、余韵，哪一个不美到令人心颤？

最终使"气、神、骨、风、韵"成为真正的审美概念的则是艺术家和文学批评家。他们将"气、神、骨、风、韵"等概念引入艺术与文学批评，最终形成了"气韵风骨"这样的审美范畴。不过在"气韵风骨"这组概念中，"神"隐居到了幕后，不是"神"不重要，恰恰是因为"神"太重要，中国美学讲究的就是传神。这五个字，"神"是"气韵风骨"的灵魂，"气韵风骨"是"神"的体现。

最先将"气韵""风骨"说引入绘画的是南朝齐人物画家谢赫，他在《古画品录》中提出"谢赫六法"：气韵生动、骨法用笔、应物象形、随类赋彩、经营位置、传移模写。"气韵"和"骨法"排在第一和第二。谢赫又将画家分为六品，他在评一品画家曹不兴时说："不兴之迹，殆莫复传，唯秘阁之内一龙而已。观其风骨，名岂虚成！"谢赫的"气韵""风骨"谈的是人物画，指将一个人的情调、个性，清远、通达、放旷之美和刚正的气概、遒劲刚健的格调在画面上表现出来，从而形成一种神形相融的美感。之后，"风骨"这一概念便被广泛运用于画论中。其中"风骨"也被用于书法品评。晋卫夫人《笔阵图》说："善笔力者多骨，不善笔力者多肉。"

将气韵风骨引入文学批评的则是刘勰、钟嵘诸人。刘勰《文心雕龙》专辟一章《风骨》，对文学的"风骨"进行系统阐述。他说："是以怊怅述情，必始乎风；沉吟铺辞，莫先于骨。故辞之待骨，如体之树骸；情之含风，犹形之包气。结言端直，则文骨成焉；意气骏爽，则文风清焉。"南朝梁钟嵘也提倡风骨，不过他使用的词语是"风力"或"骨气"。他在《诗品》中曾称曹植"骨气奇高"，他尤其赞赏的"建安风力"，就是后来文学界反复倡导的建安风骨。刘勰、钟嵘和唐初的陈子昂等都极力推崇建安风骨，陈子昂曾明确指出："汉魏风骨，晋宋莫传。"他们的目的是批判六朝的形式主义文风，倡导一种明朗健康、遒劲有力的文风。

气韵风骨与阴柔阳刚

气韵与风骨属于不同的审美形态，风骨偏阳刚，气韵偏阴柔。

就其根本而言，"风骨"是在倡导一种内容充实、情感健康、文辞生动、劲拔有力的文风，强调一种充满生机和活力的硬气、骨气和浩气。刘勰说，"辞为肤根，志实骨髓"，"必以情志为神明，事义为骨髓，辞采为肌肤，宫商为声气"。骨，是相对于"肤"与"肉"而言的，《世说新语》有"虽无骨干，然亦肤立"之语，晋卫夫人的书法评语有"善笔力者多骨，不善笔力者多肉"之语。可见"骨"是更内在的东西，更多强调的是正骨，是其内在的精神力度，就像王羲之评价陈玄伯说的那样，"垒块有正骨"。"风"则侧重其表现的动态之美，刘勰说："结言端直，则文骨成焉；意气骏爽，则文风清焉。"有骨无风则是硬死板，没有生气；有风无骨则失髓失本，柔弱无力。而风骨的实际运用，更多强调的是"骨"，当刘勰、钟嵘、陈子昂以风骨反齐梁文风，倡导建安风骨时，这建安风骨又叫建安风力。

"气韵"则是审美对象洋溢着的灵动的生命力和审美韵味，给人一种美的意象和美的感受，给人以联想和回味的余地。"气韵"之"气"，本指宇宙之气、山川之气，生命之精气，精神之意气。清代唐岱说："画山水贵乎气韵。气韵者，非云烟雾霭也，是天地间之真气。"在这里则更多指生命尤其是精神生命的生生不已的生命张力。韵，则在强调一种美感。所以，在气韵这里，"韵"一方面指作品中包含的作者那种令人难以捉摸的心灵脉动和情调气质，另一方面指作品蕴含的令人难以捉摸的极致美感，如节奏感、韵律感、回味感，大约相当于英国美学家克莱夫·贝尔所说的"有意味的形式"。

中国美学史上有著名的"滋味说"，并提出了"味外之旨"，那么"味外之味"到底是一种什么味呢？这种味外之味的标准是什么？那就是气韵。气韵是一种生动的美感，所谓"活泼泼的"，所谓生香活态，这是一种虚灵之美，是一种动静结合、动静相生之美，是一种传神之美。气韵不足，则迟滞枯涩、呆板单调、形象扁平，便是偏于匠气了。金绍城在《画学讲义》中说："画之可传，全在气韵，无气韵之画，工匠而已。"实际上，中国文化一直在追求这种"韵"，从《诗经》的比兴，到楚骚的香草美人，到后来的滋味说、神韵说，都是在追求文艺的韵致。

在这里，气韵更柔更飘，风骨更硬更重。风骨似酒，回肠荡气，洋溢的是一股生命的浩气；气韵如茶，余味悠长，荡漾的是一股生命的灵气。两者代表着偏重阳刚与偏重阴柔的两种审美形态。

就其历史流变而言，宋明以后，"气韵""风骨"两大审美形态分道扬镳，文学艺术侧重用"气韵"，人物评价侧重用"风骨"。从文艺的角度，唐以后"风骨"退位，中国美学整体主要趋于气韵的方向，宋代文学中，婉约之风处于上风；严羽以禅说诗，追求禅味；明清发展出神韵说、性灵说，都是偏向"气韵"的；即使童心说，也离"风骨"较远。

中国的文学艺术，由"风骨气韵"并重走向"气韵"一家独大；由阳刚阴柔兼具，走向阴柔为主。而随着宋朝的没落，宋元易代，后来明清易代，异族入主中原，骨气、节操成为人物评价的重要标准，于是风骨则又退回到以人物品评为主了，于是就有了"文人风骨"之说。文天祥"人生自古谁无死，留取丹心照汗青"，是风骨；林则徐"苟利国家生死以，岂因祸福避趋之"，是风骨；谭嗣同"我自横刀向天笑，去留肝胆两昆仑"，是风骨；金圣叹为民请命，遭处斩刑，却言"不亦快哉"，是风骨；顾炎武为民族复兴而奔走，高呼"保天下者，匹夫之贱与有责焉"，是风骨。直到今天，我们怀念某人，仍然会说"风骨长存"，而不会说"气韵常在"。

"气韵风骨"之说较之西方的"阴柔阳刚"，不仅仅是一种中国化的表达，更是一种充满美感的审美化表达。

阴柔阳刚之说，偏于形；气韵风骨之说，偏于神。阴柔阳刚是美的形态的两种外显特征，气韵风骨则是其内在品性。无气韵之阴柔则流于柔媚；无风骨之阳刚则流于粗俗。

不仅如此，气韵风骨之说还打通了阴柔与阳刚的两极。阴柔与阳刚似乎是对立的两极，而气韵与风骨虽然各有偏重，本质上却是中和的。气韵是阴柔而不失其刚，外柔而内刚；风骨是阳刚而不失其柔，外刚而内柔。

气韵风骨说还强调了文学艺术的个性化。气韵之气、风骨之风，都是气。这"气"，于人物是隐伏于胸，于作品是潜隐于内。五代荆浩《画山水录》说："气者，心随笔运，取象不惑；韵者，隐迹立形，备仪不俗。"在古人看来，气韵不能传授，胸襟可以修养。所以董其昌说："气韵不可学，此生而知之，自有天授。"石涛说："作书作画，无论老手后学，先以气胜之者，精神灿烂，出之纸上。"因为"气韵"是人个体心性的自然流露，本自心源，默契神会，不期然而然。画如此，文亦如此。

　　早在画家们强调"气韵"之前，三国的曹丕就在其《典论·论文》中强调："文以气为主，气之清浊有体，不可力强而至。譬诸音乐，曲度虽均，节奏同检，至于引气不齐，巧拙有素，虽在父兄，不能以移子弟。"因为气韵受制于创作者整体的人文艺术境界及主体心理模式、人格状态，所以，对于气，孟子强调的是养，"吾善养吾浩然之气"，不可须臾而失，也不可拔苗助长。

 撷 英 掇 华

《 原典 》

陈子昂①《与东方左史虬修竹篇》②序（节选）

　　东方公足下：文章道弊五百年矣。汉魏风骨③，晋宋莫传，然而文献有可征④者。仆尝暇时观齐梁间诗，彩丽竞繁，而兴寄⑤都绝，每以永叹。思古人，常恐逶迤颓靡，风雅不作，以耿耿也。一昨于解三⑥处，见明公⑦《咏孤桐篇》，骨气端翔⑧，音情顿挫，光英朗练，有金石声。遂用洗心饰视，发挥幽郁。不图正始之音⑨复睹于兹，可使建安⑩作者相视而笑。

①陈子昂（659～700）：唐代诗人，倡导诗文革新。东方左史虬：东方虬，武则天时为左史。②《修竹篇》：陈子昂写给东方虬的诗，本文即是为此诗作的序。③汉魏风骨：指汉魏诗文具有悲凉慷慨、刚健清新的风格骨力。④征：得到证明。⑤兴寄：比兴寄托。⑥一：这里表转折。解三：唐人，生平履历不详。⑦明公：对东方虬的敬称。⑧端翔：内容端直，气韵飞动。⑨正始之音：指曹魏正始年间嵇康、阮籍等人的诗文创作。⑩建安：本是东汉末年汉献帝年号，这里指东汉末年以曹操、曹丕、曹植为代表的建安文学。

健苍凉的风骨传统，然而还是可以在文献中找到证明的。我闲暇的时候浏览齐梁
间的诗歌，觉得那时的诗歌竞相追求华丽的辞采，而缺乏内在的比兴寄托，总是
长叹不已。追思古人，常常担心浮艳绮靡文风沿袭不断，而风雅的传统不能振作，
总是耿耿于怀。昨日在解三处拜读了您的《咏孤桐篇》，感到大作骨气端正，气韵
飞扬，抑扬顿挫，鲜明精炼，音韵铿锵。于是心胸为之一洗，耳目为之一新，胸
中郁闷之气、沉闷之感一扫而光。没想到又在您的大作中看到了"正始之音"，这
真可以使建安诗人们发出会心的微笑。

画诀

董其昌①

士人作画当以草隶②奇字之法为之，树如屈铁，山似画沙，绝去甜
俗蹊径③，乃为士气。不尔，纵俨然及格，已落画师④魔界，不复可救
（救）药矣。若能解脱绳束，便是透网鳞⑤也。画家六法，一曰气韵生
动。气韵不可学，此生而知之，自有天授，然亦有学得处。读万卷书，
行万里路，胸中脱去尘浊，自然丘壑内营，立成鄄鄂⑥。随手写出，皆
为山水传神矣。（《画禅室随笔·卷二》）

①董其昌（1555~1636）：明代著名书画家。②草隶：草书隶书。③绝去甜俗
蹊径：远离世俗路径。④画师：这里指有匠气的画工。⑤透网鳞：挣脱丝网之鱼，
即"脱颖而出"。⑥鄄（juàn）鄂（è）：均为古地名，鄄：今山东省鄄城北旧城，
后用以指山东；鄂：湖北省的简称。此处比喻为确立绘画的基本框架。

文本大意 士人应该用写草书隶书那种方法来作画，画树枝就像曲折的铁
丝，画山就像画沙丘，要远离世俗的路径，才称得上士人的气韵。不这样的话，
即使看起来好像合格了，却已经堕入匠气十足的画工的魔道，无可救药了。如果
能脱离世俗的束缚，便能脱颖而出了。画家有六种方法，第一就是气韵生动。气
韵是没有办法勉强学到的，是一种先天的禀赋，不过也有地方可学。那就是读万
卷书，行万里路，去除胸中的俗浊之气，自然就胸有成竹，确立起基本的绘画格
局。这样之后，随意挥洒就能为山水传神了。

名言

◎善笔力者多骨，不善笔力者多肉。（晋·卫夫人）

◎结言端直，则文骨成焉；意气骏爽，则文风清焉。（南朝梁·刘勰）

◎书画当观韵。（宋·黄庭坚）

◎平生风骨自清癯。（宋·惠洪）

◎今年看梅荆溪西，玉为风骨雪为衣。（宋·杨万里）

◎濂溪气韵娟娟月，康节襟怀盎盎春。（宋·曾丰）

◎韵者，美之极。（宋·范温）

◎气韵不可学，此生而知之，自有天授。（明·董其昌）

◎凡状物者，得其形，不若得其势，得其势，不若得其韵。（明·李日华）

◎画山水贵乎气韵。气韵者，非云烟雾霭也，是天地间之真气。（清·唐岱）

◎画之可传，全在气韵，无气韵之画，工匠而已。（清·金绍城）

成语

◎高风峻节：高尚坚贞的风骨节操。

◎雅量高致：形容人高雅不俗，气度宽宏。

◎仙风道骨：形容人的风骨神采高雅脱俗，与众不同。

◎风韵犹存：形容中年妇女仍然葆有优美的风姿。

◎逸韵高致：高雅飘逸的风度韵致。

◎雪胎梅骨：如白雪、梅花一样纯洁高雅。

◎颜筋柳骨：唐代颜真卿的书法肥厚粗拙，显得筋健洒脱；柳公权的书法棱角分明，骨力遒劲。

◎骚情赋骨：文人的情调与风骨。

第 15 课

味外之旨：温婉含蓄的民族性格与审美追求

味外之旨：本指诗歌可以意会而不可言传的弦外之音。又叫言外之意、韵外之致。后用以指语言文字的含蓄、有韵味。出自唐代司空图《与李生论诗书》中的"倘复以全美为工，即知味外之旨矣"。

温婉的美神

在讨论"大道至简"时，我们分析了中国文化的简约特色，但是必须明白，中国文化心理之简，是以简驭繁、执一驭万之简，是外俭内丰、形约意深之简。含蓄自然成为汉民族文化心理重要的外显特征。

中国史学自《春秋》就讲究"微言大义"，由此而有所谓以一字立褒贬的"春秋笔法"。中国哲学常常是只言片语却哲理深邃。中国传统语言学缺乏理论和方法的研究，但它作为"小学"却十分发达，原因恐怕就在以下两点：一方面，中国文化的总纲——"经"之含蓄蕴藉，必须借小学以倡明；另一方面，士人们以自己这种讲究含蓄的文化心理反观诸经，又总以为它应该蕴藏了取之不尽的文化内涵，就像《周易·系辞传》的作者看《周易》那样，"其称名也小，其取类也大，其旨远，其辞文，其言曲而中，其事肆而隐"。

在文学和美学上，国人主张中和之美，并由此形成了温柔敦厚的诗教传统和审美标准，含蓄自然成了中国文学的重要特征。钱锺书先生对此做过精辟说明："和西洋诗相形之下，中国旧诗大体上显得情感有节制，说话不唠叨，嗓门儿不提得那么高，力气不使得那么狠，颜色不着得那么浓。在中国诗里算是'浪漫'的，比起西洋诗来，仍然是'古典'的；在中国诗里算是坦率的，比起西洋诗来，仍然不失为含蓄的：我们以为词华够鲜艳了，看惯纷红骇绿的他们还欣赏它的素淡；我们认为'直恁响喉咙'了，听惯了大声高喊的他们只觉得不失为斯文温雅。"（《中国诗与中国画》）

朱光潜先生也曾以"委婉、微妙、简隽"六字概括中国诗歌风格。于是我们总在创作理论上讲究"言有尽而意无穷"，推崇"其称文小而其指极大，举类迩而见义远"（《史记·屈原列传》）；追求"言外之意""象外之象""味外之旨""韵外之致"。由此而形成了中国文学讽喻寄托的传统。

如果分析一下中国文学史上的一种矛盾现象，也许更能说明问题。

中国文学以抒情为主，大体上属表现型文学，西方文学则以叙事再现为主，这样看来，似乎中国文学应该更浪漫，可事实却恰恰相反。原因之一在于中国人之"含蓄"。中国人反对越礼纵欲，要求"乐而不淫、哀而不伤"；主言情却又要节制情感，"发乎情，止乎礼义"（《毛诗序》），要"以道制欲"（《礼记》）。西方人倡再现，却又主情感的宣泄，提倡酒神般的狂欢，以宣泄去求心灵的舒畅，以狂欢去求审美的快感。西方文学以震撼心灵的悲剧冲突著称，中国文学则以启迪性灵的神韵意境见长。

所以在中国文学里，你会发现比喻特别多。从《诗经》开始就有所谓赋比兴的手法，比兴是讲含蓄的，赋是讲铺陈的。比兴成了中华文学的重要传统，"赋"的手法却不怎么受待见。"赋"在汉代发展成一种文体，包括西汉大赋和东汉的抒情小赋，前者尽情铺陈，不主含蓄，后者借象抒情，含而不露。在后来的发展中，尽情铺陈的大赋衰落了，含而不露的抒情小赋却备受重视，到唐宋，还发展成了"文赋"，出现了《阿房宫赋》《赤壁赋》这样的千古名作。

更能说明问题的是，《诗经》和《楚辞》作为中国诗歌的两大源头，前者发展出了"比兴"，后者发展出了"香草美人"传统，两者都指向含蓄，并最终发展出中国诗歌的意境传统。追求意境，就是追求惚兮恍兮扑朔迷离的神韵，要求作品在结构和内容上给读者留下驰骋的心理空间，以产生内涵丰富的韵外之致。

在我们这里，长诗难以发展，连像《孔雀东南飞》之类的诗歌，我们都觉得太长。"长"与含蓄总是矛盾的，就像电视连续剧和电影。我们善于在螺蛳壳里做道场，律诗仅仅五十六个字或者四十个字，绝句仅仅二十八个字或者二十个字；我们觉得九十一个字的词已经很长了，谓之"长调"。体制如此短小，内涵又要丰富，就必须于不变之中求永恒，于有限之中求无限，所以不得不在含蓄上做文章。

中国文学还有两种样式值得我们特别注意。一是寓言。中国寓言是世界三大寓言体系中唯一没有中断过创作的，且数量巨大，艺术成就很高。寓言是有寄托的故事，本质就在这"寓"，就是将深奥的道理寄寓在故事之中。还有一个就是禅宗公案。佛教经文原本繁奥复杂，可是佛教一经中国化，就发展出了一种含蓄包孕的传道方式，即公案。你问佛是什么，禅师并不直接告诉你结论，也不向你做理论阐述，只和你说一些日常的生活现象，让你去领悟。禅师认为，佛法就隐含于日常生活之中。

温柔敦厚，不仅是中国的诗教传统，也是汉民族的性格传统。中国传统的笑，是"巧笑"；中国人的爱情表达讲究"脉脉传情""两心相印"，而视西方直率奔放激越的爱情表白为肉麻。如果说西方人性格如严父，如醉汉，那么中国人则温婉含蓄如慈母，如处子。整个民族，就是一尊温婉的美神！

舌尖的文化

"味"之一词，本指味觉，源于舌尖。中华民族是一个热爱美食的民族，由食而味，由味而文化，最终形成了中国文化的"味论"。

味与文化结缘，从现存典籍看，应该源于春秋时的晏婴。

晏婴在向齐景公解释君臣间的"和谐"与"相同"的区别时，曾以"味"为喻。他说："和如羹焉，水、火、醯（xiān）、醢（hǎi）、盐、梅，以烹鱼肉，燀（chǎn）之以薪，宰夫和之，齐之以味，济其不及，以泄其过。君子食之，以平其心。君臣亦然。"意思是：和谐就像做肉羹，用水、火、醋、酱、盐、梅来烹调鱼和肉，用柴火烧煮；厨工调配味道，使各种味融为一体；味道不够就适当增加调料，味道过重就用水冲淡一下。在晏婴看来，品尝菜的味道时觉得很简单，无非是某一种味，但这一种味，却是多种材料、多种味道中和的结果，是具有较大差别的"多味"才构成这"一味"，可见"一"中含"多"。

《老子》中说，"治大国若烹小鲜"，虽然没有直接提"味"，但味已在其中，算是又一次将"味"与政治、文化联系了起来。

后来《乐记》提出"大羹不和，有遗味者矣"，王充《论衡》提出"大羹必有淡味"。

从先秦到两汉，以"味"谈文化、文学，只有零星言论，没成气候。到两晋南北朝，终于认定以"味"字来表达语言文字的含蓄蕴藉。

先是陆机在《文赋》中以"阙大羹之遗味"来形容诗味之不足，后有刘勰在《文心雕龙》中多次以"味"论诗，他赞扬扬雄"隐而味深"，他第一次正式提出"滋味"一词——"滋味流于字句"，他提出"深文隐蔚，余味曲包"，"玩之者无穷，味之者不厌"，明确将滋味与含蓄蕴藉联系起来。

与刘勰几乎同时代的钟嵘正式倡导"滋味"说，他在《诗品》中说，"五言居文词之要，是众作之有滋味者也"，"使味之者无极，闻之者动心，是诗之至也"。他明确将滋味作为诗歌的审美标准，并以之品评当代诗歌。这"味"便正式与文学乃至整个中华文化结下了不解之缘。唐代司空图在其《与李生论诗书》中更提出"辨于味而后可以言诗也"，他以"辨诗味"为言诗的前提，并以此提出了他的一整套关于"味"的理论。他继承皎然"但见性情，不睹文字"的思想，更提出"不著一字，尽得风流"，提出"象外之象，景外之景"，提出要超越语言去追求文外之意，在语言文字的有限中去追求意蕴的无限，才是有味的文字。

宋代欧阳修借梅尧臣的话说："必能状难写之景，如在目前，含不尽之意，见于言外，然后为至矣。"严羽更提出："羚羊挂角，无迹可求。……如空中之音，相中之色，水中之月，镜中之象，言有尽而意无穷。"

到明清，滋味说式微，性灵说、神韵说等代之而起，但性灵说尤其神韵说，实际是滋味说的发展，是将"味外之旨"强调到了极致。清初著名诗论家叶燮在他的《原诗》中还反复申说，认为"诗之至处，妙在含蓄无垠，思致微渺，其寄托在可言不可言之间，其指归在可解不可解之会，言在此而意在彼，泯端倪而离形象，绝议论而穷思维，引人于冥漠恍惚之境，所以为至也"。晚清诗人何绍基也说，"诗要有字外味，有声外韵，有题外意"。

特异的语言

含蓄的文化品格、味外之旨的审美追求，其深层次原因应与我们的传统语言观密切相关。

言意之辨，是中国文化的重要话题，先秦重要的哲学家几乎都讨论过它，并留下了许多影响中国文化的名言，如"道可道，非常道；名可名，非常名"（《老子》）。"可以言论者，物之粗也；可以意致者，物之精也"；"意之所随者不可以言传也"（《庄子》），"书不尽言，言不尽意"（《周易·系辞上》）。

这种讨论持续到魏晋，基本结论是"言不尽意，立象尽意"。在古人看来，书不尽言，言不尽意，抽象的语言不足以反映事物本质，转而借助形象，所谓"圣人立象以尽意"（《周易·系辞下》），尽量用语言中具象的词语来表情达意，因而古人重具象的意识十分自觉而又明确，中国古籍中抽象的用词很少，具象的用词特多。

正因为言不尽意，得意尚可忘言（庄子），语言的表意价值如此有限，何必花那么多笔墨呢？所以，尚简成了我们语言的必然选择。我们在讨论"大道至简"时，详细分析了汉语简约的特点，但是汉语的简约，同样是辞约意丰。比较一下英语和汉语就会发现，英语多是先显示中心词，然后才是附加成分，而汉语的中心词往往隐藏在后面，先由定状语这较具体实在的外壳层层深入抽象的内核（中心词），将深层的抽象掩藏于表层的具象之下。所以，汉语的篇章信息都隐藏在它的非形态的语词后面，对汉语语言信息的理解特别要借助于具体的语境，通过信息接受者的意会去感受其丰富的意蕴。

所以，在我们的意念里，语言只不过是意义的冰山一角，语言背后有更深层更广阔的东西在，值得探究，所以我们自然就去追求言外之意、弦外之音，甚至不惜以具象去代替语词，而"象"本身就是一种象征，一种符号，就像《周易》说的男女，其实更是阴阳、上下、天地，是许许多多的其他东西。这"男女"之象，自然也有许多象外之象了。

二重性思维

更深层次的原因，可能还在思维。

笔者研究中国文化，发现两个奇怪现象：

一是书与画的矛盾。抽象的文字在汉人手里走了一条具象的道路，并循此发展出了"书法"这一独特艺术；具象的绘画，在我们这里却"游于相外"（唐君毅语），意象化了，三笔两笔，甚至水墨二色，有时竟还靠了一片空白，就创造出丰富优美的意境！抽象的文字具象化了，具象的绘画却抽象化了，书画甚至融为一体。

二是医学的特异。医学靠解剖分析和实证，本应相当具象，可中医竟然用阴阳、五行、气等解剖无法实证的虚拟具象将人体的结构、功能及生理病理进行玄而又玄的高度抽象。中医实在是哲学化的医学和医学化的哲学，没有抽象的哲学头脑，很难弄懂中医。

走出困惑，得出的结论便是：原来，汉民族在重视具象的同时，又十分重视抽象！我们是用具象来抽象，是具象抽象合一。原来，在告别蛮荒进入文明之际，我们的先祖没有完全抛弃原始的感性和具象，而是在理智中融汇热情，在理性中融汇感性，高倡天人合一；将理性与形象结合，以形悟理，以形示理，立象尽意。

如果将思维结构分为内外两个层次，即表层结构（思维的外在形式）

和深层结构（思维的内核），那么西方思维结构其表层和深层都是抽象的，其表层结构与深层结构同形同构，抽象对应，因而深澈见底，给人以明晰感。而汉民族传统思维其深层结构是抽象的，甚至比西方更抽象，但其表层结构则是具体的，深层的抽象隐藏在表层具象之下，含蓄而朦胧。简约的具象表层下隐藏得太多太多，所以宗白华先生明确断定："中国人于有限中见到无限，又于无限中回归有限。"

西人具豪爽、直率、开放、偏激的个性，中国人则相对个性压抑、倾向内心、含蓄委曲。这自然有其外在社会的、自然的原因，但更与汉民族具象的抽象的文化心理内核有关。由于汉民族思维的深层心理基础被包裹在表层的具象之中，由于这表层具象的遮掩，使汉民族自然内倾，而且含蓄委曲。同时，这具象若不含蓄，又怎能达到抽象的目的？深层抽象寓于表层具象之中，又怎会不是外俭内丰、形约意深？

所以，追求含蓄蕴藉，追求味外之旨，是中华文化的必然。

 撷 英 掇 华

《 原典 》

含不尽之意见于言外

圣俞①尝语余曰："诗家虽率意，而造语亦难。若意新语工，得前人所未道者，斯为善也。必能状难写之景，如在目前，含不尽之意，见于言外，然后为至矣。贾岛云'竹笼拾山果，瓦瓶担石泉'②，姚合云'马随山鹿放，鸡逐野禽栖'③等，是山邑荒僻，官况萧条，不如'县古槐根出，官清马骨高'④为工也。"余曰："语之工者固如是。状难写之景，含不尽之意，何诗为然？"圣俞曰："作者得于心，览者会以意，殆难指陈以言也。虽然，亦可略道其仿佛：若严维'柳塘春水

中国智慧
写给中学生的18堂国学文艺课

漫，花坞夕阳迟'⑤，则天容时态，融和骀荡⑥，岂不如在目前乎？又若温庭筠'鸡声茅店月，人迹板桥霜'⑦，贾岛'怪禽啼旷野，落日恐行人'⑧，则道路辛苦，羁愁旅思，岂不见于言外乎？"（节选自欧阳修《六一诗话》⑨）

①圣俞：北宋诗人梅尧臣，字圣俞。②竹笼拾山果，瓦瓶担石泉：语出唐代苦吟诗人贾岛的《题皇甫荀蓝田厅》。③马随山鹿放，鸡逐野禽栖：语出唐代著名诗人姚合的《武功县闲居》。④县古槐根出，官清马骨高：本句诗作者不详，原诗不可考。⑤柳塘春水漫，花坞夕阳迟：语出唐代诗人严维《酬刘员外见寄》。⑥骀（dài）荡：天气景物令人舒畅。⑦鸡声茅店月，人迹板桥霜：语出晚唐著名诗人温庭筠的《商山早行》。⑧怪禽啼旷野，落日恐行人：语出贾岛《暮过山村》。⑨《六一诗话》：宋代欧阳修所著，是我国最早的诗话，开后代诗歌理论著作新体裁。

文本大意 梅圣俞先生曾经跟我说："诗人虽然率性而作，但是诗歌语言的写作却是很难的。要立意新颖语言工巧，是前人所未曾说过的，才算好。一定要能够将难以描摹的景物描写得就像在眼前一样，将深层的寓意寄托在语言之外，这样才是最高的境界。贾岛诗句'竹笼拾山果，瓦瓶担石泉'，姚合诗句'马随山鹿放，鸡逐野禽栖'等，写的是山野偏僻荒凉、官衙萧条冷落，但不如'县古槐根出，官清马骨高'更工巧。"我说："语言的工巧的确是这样。但将难以描摹的景物描写得就像在眼前一样，将深层的寓意寄托在语言之外，什么样的诗歌才能达到这样的境界呢？"圣俞先生说："作者写出心中所得，读者心领神会，但难以用语言直接说明。当然也还可以稍微说一个大概：像严维的'柳塘春水漫，花坞夕阳迟'，那种天候时令、融和舒畅之感不就像在眼前一样吗？又像温庭筠的'鸡声茅店月，人迹板桥霜'，贾岛的'怪禽啼旷野，落日恐行人'，那种行路的辛苦，羁旅的愁思，不就隐含在语言之外吗？"

名言

◎道可道，非常道；名可名，非常名。（春秋·老子）

◎书不尽言，言不尽意。（春秋·孔子）

◎其称名也小，其取类也大，其旨远，其辞文，其言曲而中，其事肆而隐。（《周易》）

◎可以言论者，物之粗也；可以意致者，物之精也。（战国·庄子）

◎使味之者无极，闻之者动心，是诗之至也。(南朝梁·钟嵘)

◎使玩之者无穷，味之者不厌矣。(南朝梁·刘勰)

◎诗家之景，如蓝田日暖，良玉生烟，可望而不可置于眉睫之前也。(唐·戴叔伦)

◎但见情性，不睹文字，盖诗道之极也。(唐·皎然)

◎近而不浮，远而不尽，然后可以言韵外之致耳。(唐·司空图)

◎不著一字，尽得风流。(唐·司空图)

◎必能状难写之景，如在目前，含不尽之意，见于言外，然后为至矣。(宋·梅尧臣)

◎盛唐诸人唯在兴趣，羚羊挂角，无迹可求。故其妙处，透彻玲珑，不可凑泊，如空中之音，相中之色，水中之月，镜中之象，言有尽而意无穷。(宋·严羽)

成语

◎韵外之致：即言外之意，指语言文字隐含的余味。

◎象外之象：超越于具体有形描写之外而暗示出来的令人驰骋遐想、回味无穷的艺术意境。

◎弦外之音：比喻言外之意，即语言间接透露而没有明说的意思。

◎耐人寻味：即意味深长，语言的韵味经得起人们反复体会、琢磨。

◎余音绕梁：歌声或音乐优美，余音回旋不绝。也比喻诗文意味深长，耐人寻味。

◎脉脉含情：默默地用眼神表达自己的感情。形容用眼神或行动默然地表达情意。

第 16 课

传神写意：文化的精神性存在特征

传神，指能生动逼真地表现出对象的神情态度；写意，指用笔不苛求工细，注重神态的表现和作者情趣的抒发。

差异明显的中西绘画

当我们看一幅西方油画时，会感觉画面非常真实。如法国画家籍里柯的《梅杜萨之筏》。在创作这幅画前，画家刚从外国回来，整个巴黎正在议论着梅杜萨号快速战舰在塞内加尔沿海失事的新闻。他立即研究新闻报道，并模仿遇难木筏的样式另做了一只，并访问生还者，去医院画下病人的痛苦表情，然后依照真实的构图，画出一幅阴沉可怕、痛苦悲惨的图景：阴云密布的海面上，二十几个姿态各异的人挤在一只木筏上，或互相支撑，或奄奄一息，或双眼注视地平线，正在期待救援。画家以他对解剖学的精通，将人物刻画得细致入微，十分逼真。乌云翻滚的天空，海面滔天的巨浪，筏边溅起的水花，笨重的木筏，飘动的船帆，从整体到局部都极其真实。

而中国画则与此不同。传神写意是中国艺术的一种特有精神。如元代画家倪瓒的《渔庄秋霁图》，是画家五十五岁时，在他的好友王云浦的渔庄得到灵感而作。他要表现的是太湖一角晴秋傍晚的山光水色。但怎么表现呢？画家将画面分成了上、中、下三段。上段为远景，随意几笔远岫闲云，隐隐约约；中段为中景，不着一笔，以虚为实，可以想象为渺阔平静的湖面，但空白处却题有五律一首，连接上下两段景物，点明画意："江城风雨歇，笔研晚生凉。囊楮未埋没，悲歌何慨慷。秋山翠冉冉，湖水玉汪汪。珍重张高士，闲披对石床。"下段为近景，近处坡石上有树数株，参差错落，亭亭玉立，删去繁茂，独留雅枝，枝叶疏朗。整幅画不见飞鸟，不见帆影，也不见人迹，一片空旷孤寂之境。倪瓒自称其画"聊写胸中逸气"，"不过逸笔草草，不求形似"。很明显，倪瓒此画不是在用镜头讲故事，而是在用诗笔抒情愫，在抒发一个散尽家财、身杂渔夫野叟间的知识分子的一腔逸气与些许孤寂落寞。

这也许就是中国画与西洋画的区别。丰子恺先生在他的《中国画与西洋画》中明确指出，中国画不注重透视法，西洋画极注重透视法。

渔庄秋霁图（倪瓒 绘）

西洋画力求肖似真物，各种物体形体都很正确，竟同真物一样。中国画就不然，不喜欢画市街、房屋、家具、器物等立体相很显著的东西，而喜欢画云、山、树、瀑布等远望如天然平面物的东西。偶尔描画房屋器物，亦不讲究透视法而任意表现。中国画的手卷，山水连绵数丈，中国画的立幅，山水重重叠叠。因为中国人作画同作诗一样，想到哪里，画到哪里，不受透视法的拘束。同时，西洋人作人物画，必先研究解剖学。因为西洋画注重写实，必须描得同真的人体一样。但中国人物画家从来不需要这种学问。中国人画人物，目的只在表现出人物姿态的特点，却不讲人物各部的尺寸与比例。故中国画中的男子，相貌奇古，身首不称。女子则蛾眉樱唇，削肩细腰。中国画欲求印象的强烈，故扩张人物的特点，使男子增雄伟，女子增纤丽，而充分表现其性格，故不用写实法而用象征法。不求形似，而求神似。

两线并行的中国画史

其实，中国绘画史有两条线，一条是专业画家线。如南朝梁的张僧繇（yóu），苦学成才，长于写真，并擅画佛像、龙、鹰，多作卷轴画和壁画。唐代的吴道子，画史尊称画圣，年轻时即有画名，曾任县尉，不久即辞职，从事绘壁画的专业创作，开元年间因善画被召入宫廷。北宋的画家崔白，是一位很具写生精神的画家，他有超越前人的观察研究及描绘能力，擅花竹、翎毛，手法细致，形象真实，生动传神。这些专业画家重视真实的描绘，强调摹写的逼真。

另一条线，就是文人画。文人画是中国艺术史上一个很特异的现象。中国的文人士大夫几乎从一开始就参与了绘画创作。比如晋朝的顾恺之，曾任通直散骑常侍，本身是一位名士，多才艺，工诗赋、书法，以文人身份成为一代名画家。唐朝的王维历官右拾遗、监察御史、河西节度使判官等，是中国历史上不可多得的著名诗人兼画家。

是专业画和文人画这两条线共同为中国传统绘画的发展奠定了基础。专业画家更注重绘画的功底，讲究写生，讲究对形象精细准确的把握。文人画则相对更注重传神，重视形象中表现的精神气韵。

北宋前，似乎仍以专业画家这条线为主。不过，到了北宋，形势开始有所变化。这就与千古第一文人苏轼有关了。苏轼是一位极富诗人气质的大文豪，他十分推崇文人画。他在《书鄢陵王主簿所画折枝二首》中，以极其夸张的语气大声疾呼："论画以形似，见与儿童邻。"明确反对形似，在他看来，如果太重形似，那简直是极其幼稚，与无知小孩无异。而他的另一首诗《王维吴道子画》，主题是比较唐代最著名的两位画家，一位是专业画家吴道子，一位是文人画家王维。

苏轼对两位画家都做了很高评价："吾观画品中，莫如二子尊。"他说吴道子的画："道子实雄放，浩如海波翻。"虽然吴道子的画逼真动人，但他在诗中却明显表现出了对王维的偏爱："吴生虽妙绝，犹以画工论。摩诘得之于象外，有如仙翮谢笼樊。吾观二子皆神俊，又于维也敛衽无间言。"他将吴道子视为"画工"，只是绘画的工匠，他欣赏王维就在于欣赏他的"得之于象外"，欣赏王维绘画那种超越外在形象的内在的精神气韵，即传神写意的精神。所以，他在《东坡题跋·书摩诘〈蓝田烟雨图〉》中曾这样评价王维的诗与画："味摩诘之诗，诗中有画；观摩诘之画，画中有诗。"画中有诗，就是形象之外更有诗的意韵。

苏轼在北宋文坛的地位太崇高，诗、文、书、画、学问，样样皆绝，他提出这样的审美倾向后，很快得到大部分文人和文人画家的认同与追随。文人的提倡远比画家的倡导更有影响力，后来随着宋末元初著名书法家、画家、诗人赵孟頫等对文人画的大力提倡，中国绘画在形与神之间、写实与写意之间产生了急剧的倾斜，使得本来并驾齐驱的文人绘画和专业绘画之间的平衡被打破，专业绘画也不得不让位于极端追求神似的文人画，由此文人写意画开始大行其道。

不过，苏轼等人的倡导看似偶然，实属必然。这种传神写意的审美趣味，与中国文化本身的特质极有关联。

长江积雪图卷（王维 绘）

重神轻形的中国哲学

西方艺术为什么偏重于对客观物象的真实模仿与再现呢？这是西方文化的必然。西方从古希腊开始，就将人视为理智的、能独立思考的主体，而将人以外的一切视为与主体对立的纯然的客体，是人的思考、观察和研究的对象，由此形成了其冷静地探索自然、研究自然的传统。于是在绘画方面，也就注重对客观对象的冷静、客观、真实的描摹，追求造型的精准，追求质感和光感，以精细逼真作为绘画艺术的基本尺度。加上西方科学的发达，他们将数学、光学、解剖学引入绘画领域，以期对描摹对象进行精准把握和描摹。

可是，中国文化走的是另外一条路。形神问题是中国哲学的一个重要问题，而且，哲学家们往往将"神"抬到了很高的位置。在老庄那儿，"形而上者谓之道，形而下者谓之器"，这里的道即神，至高无上，器即形，卑微无足道。因此，"孔德之容，惟道是从"，重神轻形。孔孟没有重神的直接言论，但"里仁为美"和"充实之谓美"却也基本能说明其形神观。

《列子》以及汉代《淮南子》提出"君形说"，强调以神为主，又并不否定形的价值，修补了老庄的缺陷。《列子》一书还创造了一个善于相马的九方皋的形象：九方皋相马，雌雄不辨，黑白不分，所相之马却是千里之马，因为九方皋所相，不是形，而是"神"。这就是典型的重神轻形，轻形甚至轻到可以不辨雌雄，不分黑白。至魏晋南北朝，佛学传入，玄学兴起。玄学强调神，魏晋南北朝人物品评即以"神"为标准，并相应提出了"神气""神情""风韵""风神""神韵"等概念。至于中国哲学的"得意忘言"和"得意忘象"等即是这种重神心理的极端化。

不拘于形的语言宗教

语言是文化心理的重要外显形式。汉语则更体现了汉民族重神的文化心理。申小龙曾以"神摄精神"来概括汉语的精神，他说："是'以神统形'还是'以形统神'，这是汉语与西方形态语言在语言组织、表达、理解上的两种迥异的组织战略。"这一说法基本可以肯定。

西方语言具有裸露的丰富的形态变化，而汉语的句法、语义信息都是隐藏的，它的组织不能靠外在的形态变化，而是靠内在的精神实质。在理解策略上，汉语不是据语言形态的外显标志去追寻意蕴，往往是靠"意会"直达本心，直接抓住其内在的"神"。所以钱基博在《国文法研究》中一针见血地指出："我国文章尤有不同于欧美者，盖欧美重形式而我国文章重精神也。"这样的语言，这样的文章，这样的思维方式，无疑培养了汉民族的"神摄"的文化心理。

这种重神的心理也充溢于宗教和科学。中国式的宗教大多不重视肉身的修炼，所谓"菩提只向心觅，何劳向外求玄"（《坛经》），济公这样"酒肉穿肠过，佛在心头坐"的活佛是中国式的活佛。更有趣的是，中国的一些佛教庙宇竟然挂上了道教的匾额或镶刻了弘扬道教教义的对联。中国人拜神，不论仙佛，只要有神便拜，甚至于进道观，行佛礼。这实在是不拘于"形"的宗教信仰。

这种不拘于形，甚至影响到理学家。明张岱的《四书遇》曾记载一个宋代理学家二程兄弟待妓的故事："程明道（程颢）与伊川（程颐）同饮一友家，座上有妓，明道着意矜持，伊川故与谐谑，明道不悦。异日规训之，伊川曰：'前日席上有妓，弟原不见有妓；今日无妓，老兄胸中还有一妓，何耶？'理学家也拓落形迹了。至于中医，不讲究解剖，讲究的是"养气培元""培元固本"等，同样重视"神"的价值和功能。

神形兼备的审美传统

　　这种形神观念反映到文学艺术和美学上，就形成了强调以神为主、形神兼备的美学传统，而这一传统肇始于东晋著名画家顾恺之。《世说新语》记载，顾恺之为人画像，曾在人脸颊上增画三根毛以表现人物气质，尤善于以眼睛表现人物精神。据说，顾恺之认为眼睛最能反映一个人的心灵，最能代表人的性格特征，他曾下苦功练习画各种各样的眼睛。画史记载，他曾为瓦官寺画维摩诘像，点睛时观者如潮，顷刻间得到百万"参观费"。正是这个顾恺之明确提出了"传神写照"的绘画理论。尤其到北宋的苏轼，他以他在文坛的巨大影响，倡导传神理论，提出"论画以形似，见与儿童邻"，更使传神论逐渐成为中国审美理论的主调。

　　至于诗文，如果说神似论在唐以前还未形成主流的话，那么唐以后神似论就主宰了整个文坛。从杜甫强调"篇什若有神""文章有神"开始，到司空图提出"离形得似"，"不著一字，尽得风流"，"味外之旨""韵外之致"和"象外之象，景外之景"等，都要求文学艺术离开"形"与"言"的束缚，让人体味无限的神韵。至南宋严羽将传神强调到极致："诗之极致有一，曰入神。诗而入神，至矣尽矣，蔑以加矣。"

　　至王士禛则形成了一整套完备的传神诗学——神韵说。中国小说的人物形象长期徘徊在特征化阶段，手法也主要是"略貌取神"，至《金瓶梅》《红楼梦》才形成个性化艺术，才具形神兼备的特点，但即便如此，《红楼梦》的肖像描写仍然是一种特征写意。再如中国人对人体美相对不重视，健美观念落后于西方，甚至于欣赏"病西子"，这固然与封建伦理有关，但也不能不说是一种"重神"心理的体现。

　　中国的史学也有重神的传统。《史记》有两大公认且矛盾的美学特征："实录"与"爱奇"。对此历来解说纷纭，但似乎都忽视了"重神"这一民族文化心理传统。司马迁实录精神的实质是要写出历史的本质，写出历史人物的灵魂，所以他的爱奇，实际是爱那些足以传史之"神"

的材料，《史记》中的奇事、奇功、奇闻、奇人，大多对突出时代精神和历史人物的精神风貌具有不可忽视的作用。他的爱奇和实录这两极美学特征，在形神结合这一点上辩证统一了起来。

撷 英 掇 华

原典

九方皋相马

秦穆公谓伯乐①曰："子之年长矣，子姓②有可使求马者乎?"伯乐对曰："良马可形容筋骨相③也。天下之马者，若灭若没，若亡若失，若此者绝尘弭辙④，臣之子皆下才也，可告以良马，不可告以天下之马也。臣有所与共担纆薪菜⑤者，有九方皋，此其于马非臣之下也。请见之。"

穆公见之，使行求马，三月而反⑥报曰："已得之矣，在沙丘。"穆公曰："何马也?"对曰："牝而黄⑦。"使人往取之，牡而骊⑧。

穆公不说⑨，召伯乐而谓之曰："败矣，子所使求马者! 色物牝牡尚弗能知，又何马之能知也?"伯乐喟然太息曰："一至于此乎! 是乃其所以千万臣而无数者⑩也。若皋之所观，天机也，得其精而忘其粗，在其内而忘其外；见其所见，不见其所不见，视其所视，而遗其所不视。若皋之相者，乃有贵乎马者也。"

马至，果天下之马也。(《列子》⑪)

①秦穆公：春秋时秦国国君。伯乐：相传为秦穆公时候的孙阳，善于相马。②子姓：子孙。③形容筋骨相：从体形外貌筋骨来考察。④绝尘弭辙：绝尘，不染尘土，指奔跑迅速。弭：消除。辙：车辙，这里指马蹄踪迹。⑤担纆(mò)薪菜：挑担拾柴。纆：绳索。菜：通"柴"。⑥反：通"返"。⑦牝(pìn)而黄：是雌马，黄色。⑧牡而骊(lí)：是黑色的公马。⑨说：通"悦"。⑩千万臣而无数：超过我千万倍而难以计数。⑪《列子》：道家典籍，列御寇著。一般认为成书于春秋战国

时期。

文本大意 秦穆公召见伯乐说："您年纪大了！您后辈中谁能继承您寻找千里马呢？"

伯乐回答道："一般的良马，可以从其外表筋骨上看出来。而那天下难得的千里马，若有若无，若隐若现，像这样的马奔跑起来，看不到飞扬的尘土和蹄印。我的后辈才能低下，只能告诉他们如何识别一般的好马，无法告诉他们什么样的是千里马。不过，同我一起挑菜、担柴的人中，有一个叫九方皋的，他的相马术不在我之下，请大王召见他吧。"

于是秦穆公便召见了九方皋，叫他到各地去寻找千里马。

九方皋找了三个月后，回来报告说："我已经在沙丘找到好马了。"秦穆公问："那是什么样的马呢？"九方皋回答："那是一匹黄色的母马。"

于是秦穆公派人去取，去取马的人派人回来报告说，是一匹黑色的公马。穆公很不高兴，把伯乐叫来说："真扫兴！您推荐的人连马的毛色与公母都分辨不出来，又怎么能辨别千里马呢？"

伯乐这时长叹一声道："没想到九方皋相马竟达到了这样高的境界！他真是高出我千万倍还不止啊。九方皋看到的是马的天赋和素质。深得马的精神而不计它的形色，明悉它的本质而忘记了它的外表。他只看见所需要看的，不去看他所不需要看的；九方皋相马的价值远远高于千里马的价值！"

把马从沙丘取回来后，人们发现这马果然是天下少有的千里马。

名言

◎得其精而忘其粗，在其内而忘其外。（《列子》）

◎书之妙道，神采为上，形质次之。（南朝齐·王僧虔）

◎菩提只向心觅，何劳向外求玄。（唐·慧能）

◎论画以形似，见与儿童邻。（宋·苏轼）

◎诗而入神，至矣！尽矣！蔑以加矣！（宋·严羽）

◎古画画意不画形。（宋·欧阳修）

◎凡文以意、趣、神、色为主，四者到时，或有丽词俊音可用。（明·汤显祖）

◎善藏者未始不露，善露者未始不藏。（明·唐志契）

◎妙在似与不似之间，太似为媚俗，不似为欺世。（近代·齐白石）

◎酒肉穿肠过，佛在心头坐。（俗语）

《 成语 》

◎得意忘形：本指得其思想精髓，而不必计较其外在形式。后引申为指因心意得到满足而高兴得失去常态。

◎画龙点睛：原形容南朝梁画家张僧繇作画的神妙。后比喻说话作文在关键处加上精辟语句，更加生动传神。

◎顾盼神飞：左右顾视，目光炯炯，神采飞扬。

◎形神毕肖：形态和神情都很相似。

◎放浪形骸：行为不受世俗礼法的约束；旷达豪爽，行事不拘一格。

◎不衫不履：不穿长衫，不穿鞋子。形容性情洒脱，不拘小节。

第 17 课

言志抒情：主体意识与伦理精神的自我彰显

言志抒情，本指诗人借诗歌来表达自己的思想、抱负、志向和情感。这里借以指喜欢彰显主体精神的文化特征。

诗歌的言志抒情传统

　　西方文学以叙事为主，大体上属于再现型文学；中国文学则以抒情为主，大体上属于表现型文学。

　　中国抒情文学源远流长，十分发达，独居正宗；而叙事文学不仅晚出，且不够发达，甚至始终没有进入正宗文学的大门，许多叙事文学家的生平之谜，就足为中国再现型文学地位卑微之明证。作为抒情文学代表的诗歌，我们产生过许多伟大作品，如《诗经》，如《离骚》，如李白、杜甫的许多杰作，但是一直没有产生过长篇叙事史诗。

　　《诗经》里的诗歌，除了极少数几篇叙事成分多一点，绝大部分都是抒情诗，都是"圣贤发愤之所为作"。即使是叙事诗，其本质也还是在抒情，如《氓》，叙述一个痴情女子婚后遭到抛弃的故事，不仅叙事口吻始终带有幽怨的抒情色彩，更有不少直接抒情的语句，如"于嗟鸠兮，无食桑葚！于嗟女兮，无与士耽！士之耽兮，犹可说也；女之耽兮，不可说也！""静言思之，躬自悼矣"，"及尔偕老，老使我怨。淇则有岸，隰（xí）则有泮。总角之宴，言笑晏晏，信誓旦旦，不思其反。反是不思，亦已焉哉"，等等。

　　至于中国诗歌的另一源头《楚辞》，尤其是中国诗歌史上最伟大的诗篇《离骚》，无疑是抒情诗。"骚"就是忧愁，标题就已揭示了其抒情的主旨。屈原的其他诗歌无非祭歌、颂诗、悼词、葬歌，屈原之诗，是哀歌，是渴求，是哭诉，是呐喊。

　　诗歌发展到汉乐府，由于其民歌性质，感于哀乐，缘事而发，进一步扩展了《诗经》抒情的范围。唐诗作为中国诗歌的另一座高峰，言志抒情仍然是其主调。浪漫的李白自然是抒情的，即使杜甫，其诗被称为"诗史"，不说他大量的抒情诗如《春夜喜雨》《春望》《望岳》《闻官军收河南河北》，也不说其叙事兼抒情的《茅屋为秋风所破歌》，即使如"三吏""三别"，虽然看来是纯粹叙事，但诗人善于层层转折，将沉痛的情感层叠于层层转折的叙事之中，愈转愈深，加上他特有的叙述角度，或以现场目击者身份道出，或以无家可归的士卒口吻叙述，或以新婚女子泣血控诉，再加上像"白水暮东流，青山犹哭声""吏呼一何怒！妇啼一何苦！"这样感情浓郁的描写，不言情，却字字含情。说杜甫沉郁顿挫，不仅是说他的抒情诗，更是在说他的叙事诗中蕴含曲折沉郁的情感。

词为诗余，本身就是为情而生，只是诗抒发的是"大情"，大我之情，古人谓之"志"；词则偏小情，小我之情，所谓"闲愁"居多。元代散曲作为当时的流行歌曲，自然是抒情的，而且情感更为强烈，因为无论是诗还是词，抒情可能都讲含蓄，而曲起于民间，并不以委婉含蓄见长，而是直露透辟，甚至于呼天抢地，指天骂地。

中国的自然诗起于晋宋，较之西方起源于浪漫主义运动初期，早了一千多年。自然诗应该很有再现认识意味，但发达的中国自然诗却并非如此。朱光潜先生在《中西诗在情趣上的比较》中认为，西方的自然诗偏于感官主义和泛神主义，而中国的自然诗多是一种与自己情感的默然契合。笔者理解，感官主义就是重反映再现，泛神主义就是对自然的崇拜和认知，两者的中心都是自然。而中国自然诗，实为情感找到了契合的表现物，为内在的冲突找到了消解物。所以，中国诗中的自然，就是诗人强烈情感的化身，即使"晚年唯好静，万事不关心"的王维的自然诗也莫能外。

与这种诗歌创作实践相呼应的是诗歌理论上的言志抒情说。

我们的古人一开始就定下了"诗言志"的基调。据闻一多、杨树达、朱自清先生等考证，古代的"诗"字，就是"志"字，《说文解字》说："诗，志也。""诗"字，自出娘胎就带上了"志"的胎记。

而"诗言志"的口号最早可能在舜帝时代，最迟应该在周代就提出来了。《尚书·舜典》记载说，舜帝曾经命夔掌管音乐，并说"诗言志，歌永言"。《尚书》可能是后人伪托，《左传》应该是可信的。《左传》记载襄公二十七年赋诗观志一事，就提出了"诗以言志"。《左传》还记载了很多赋诗观志的场景。既然赋诗可以观志，那当然赋诗者就是在言志了。当然这赋诗多是吟诵别人的诗。

吟诵别人的诗，尚可言志，何况自己作诗呢?《韩诗外传》记载，一次，孔子带着学生子路、子贡、颜渊一起游景山，孔子对学生们说："君子登高必赋。小子愿者何? 言其愿，丘将启汝。"从这里可以看出两点，一是古代君子登高必定赋诗，二是赋诗的目的是言其"愿"，也就是言志。

　　后来庄子也说"诗以道志"。《毛诗大序》也是用言志来解释《诗经》的："诗者，志之所之也，在心为志，发言为诗，情动于中而形于言，言之不足故嗟叹之，嗟叹之不足故永歌之，永歌之不足，不知手之舞之，足之蹈之也。"

　　关于诗言志的"志"，古人有比较严格的解释，认为其中主要侧重思想、抱负、志向。到魏晋南北朝，人们在"言志"之外，又提出了"抒情"之说。陆机首倡"诗缘情"，随后整个南北朝的理论家们如刘勰、钟嵘都在强调诗歌的抒情作用。六朝人倡导缘情，又不排斥言志，甚至有将"志"与"情"混合的趋势，刘勰在《文心雕龙》中就说："人秉七情，应物斯感；感物吟志，莫非自然。"在这里，已分不清情和志了。到唐代，孔颖达明确提出："作诗者所以舒心志愤懑，而卒成于歌咏。故《虞书》谓之'诗言志'也。"在这里，情与志就完全合一了。其实，情与志本质上是一码事，志可能是大我，情可能是小我，无论情志，都是主体的心灵意志。再发展到后来，就有神韵说、性灵说、童心说等，此说彼说，无外表现自我的心灵。

多种文化的表现色彩

　　问题的关键还不在于只是诗言志，诗缘情，这种观念竟然影响到了整个文学乃至整个文化的方方面面。

　　与诗比较接近的是散文。无论是先秦历史散文还是先秦诸子散文，

中国智慧
与你中学生的18堂国学文化课

中国散文在其发端倒是没有太多言志抒情的因素。但是随着历史的发展，中国散文最终走上了抒情的道路。例如在汉朝，产生了一种新的文学样式——辞赋，包括骚体赋、西汉散体大赋和东汉抒情小赋。骚体赋源于楚辞，偏诗的成分多一些，抒情自不必说。西汉散体大赋是偏于叙事的，但也不是纯叙事，目的还在抒情，它将个体的感兴抒怀融入客观的描写之中，叙事讽喻相结合，议论敷陈相统一，仍然是《诗经》和《离骚》"美刺传统"的继承。但是，即使如此，它最终还是被东汉的抒情小赋所取代，而且在后来的发展中，唐宋文人看中了东汉的抒情小赋，将其发展成"文赋"，最终走了抒情的路子。从唐到宋，到明清小品，后来所有散文都偏于抒情了。

西方文学重叙事，重写实，不仅其叙事文学早熟（如史诗和戏剧是其最早成熟的文学样式)，且其描写方法讲究逼真地再现生活。而我们的叙事文学不仅晚起，且其表现手法仍具有浓重的抒情因素。

小说本来是讲究描写的，西方小说讲究描写得纤毫毕现，但中国古代小说的描写却是略貌取神，是传神写意。鲁迅在《中国小说史略》中说，中国古代小说或"托讽喻以抒牢愁"，或"谈祸福以寓惩劝"，以至于"垂教诫，好评议"。这种议论和抒情表现为，或以诗词开头，如《三国演义》开篇即以《临江仙》词"滚滚长江东逝水，浪花淘尽英雄……"来表达作者对岁月流逝、英雄淘尽、人事短暂、时空永恒的慨叹。或以议论作结，如《聊斋志异》每篇之末都有一段"异史氏曰"，以抒发作者的感慨和议论。或中间插入诗词来抒情议论，如《三国演义》写孔明七擒孟获，中间忽然插入"后人有诗赞曰：羽扇纶巾拥碧幢，七擒妙策制蛮王。至今溪洞传威德，为选高原立庙堂"。三言二拍里也多这种写法。《红楼梦》代表中国叙事文学的高峰，但它是充分诗化的小说。书中场景、言行与所插入的诗词水乳交融，营造了浓浓的抒情氛围。如第二十七回写黛玉葬花时，其情节、场景与林黛玉的《葬花词》相得益彰，写得凄清哀婉，充分表达了作者的怜惜与同情。

在西方，戏剧是用来讲故事的，而它在中国叫戏曲，"曲"就是

"诗"，中国戏曲是诗乐舞一体，如元杂剧、明清京昆戏曲，尽管有故事情节做框架，但说故事不是目的，故事只是用来铺垫和营造气氛的，主体是唱词，唱词就是诗，且不是叙事诗，而是抒情诗。早期戏曲甚至只写曲，不写白，动作也主要由演员发挥，且无论故事、场景、动作，都不像西方戏剧那样真实地再现生活，逼真地模拟现实，而只是一种程序化、诗意化的虚拟，因为它目的不在叙事，而在抒情。

尤当注意的是，就连极具再现意味的史学，在中国也被涂抹上了一层表现的色彩。以《史记》为例，鲁迅以"史家之绝唱，无韵之《离骚》"十字赞之，后五字恐即指其表现性了。《史记》有两大公认的且是矛盾的美学特征："实录"与"爱奇"。《史记》中的奇事、奇功、奇闻、奇人，大多不具有历史的细节的真实性，但对于突出时代精神和历史人物的精神风貌具有不可忽视的作用。所以，"爱奇"也是《史记》表现性特征的体现，正是这"爱奇"充分展露了司马迁之幽愤，展露了其强烈的主观意识。

不仅如此，文人的才艺、爱好也是抒情化的。中国文人讲究"书画琴棋诗酒茶"，但目的都不在其本身，而在表现情志，就像姜太公钓鱼，目的并不在钓鱼一样。诗就不用说了，当然是抒情言志的。

先说画吧。按照一般理解，画当然是用来描摹客观世界的，的确，中国画一开始也是如此，但自晋代顾恺之"传神写照"开始，传神论成了中国美术的主旋律。"以气韵求其画，则形似在其间矣"（张彦远），"论画以形似，见与儿童邻"（苏轼），以致"游丁相外"，意笔勾勒，随意点染，三笔两笔，甚至水墨二色，有时竟还靠了一片空白，就创造出丰富优美的意境！可见我们绘画的目的不在再现客观对象的真实，而在表现主体自我的心灵。

书法，也不在描摹与再现，而在表现心灵。所谓"夫书，心画也。有诸中必形诸外"（刘有定），"书之妙道，神采为上，形质次之"（王僧虔），著名书法理论家孙过庭在其书法名著《书谱》中说，书法要"达其情性，形其哀乐"，所以，刘熙载说："文则数言乃成其意，书则一字已见其心。"

女史箴图（局部）（顾恺之 绘）

文人抚琴，在道不在技，在明志趣，抒心志，求知音；讲究身心合一、冲淡平和。文人下棋，讲究冲和恬淡、不战屈人。轻输赢，讲定力。可见"琴"和"棋"，都不在其技术的高低，而在展现主体的心志品性情趣。同样，茶不在茶，而在清闲，酒不在酒，而在真、达、雅。

可见，琴棋书画诗酒茶，都不在技，而在道，在主体的心灵，主体的情趣。

即使做学问，也有"我注六经""六经注我"之说。

中国文化在在体现出强烈的表现欲望。

文化深层的主体意识

这种言志抒情的文化表现，与整个中国文化的精神是一脉相承的。

中国文化具有鲜明而强烈的主体意识。

中国古代学术基本以人为思考的中心，着眼于现实生活，看重现实人生，所以一切学问基本上都与政治伦理紧密相关，都在思考人际关系的处理。"中国哲学特重'主体性'与'内在道德性'"（牟宗三），"中国哲学传统中，诚然有宇宙论、形而上学等，但儒学及中国佛学的基本旨趣，都在'主体性'上，而不在'客体性'上"（劳思光）。

张岱年先生认为，"价值观"是中国传统哲学的核心问题。何秀煌先生认为："在东方的人生哲学里，我们所致力成就、努力以赴的，不是怎样揭开宇宙的哑谜，怎样显露天地的奥秘，而是怎样'成德'，怎样'成佛'，怎样'成圣'，怎样'成人'。就是当我们在从事探讨外在的'客观真理'的时候，我们也往往不忘'主体价值'的建立。"

所以，中国文化主体上是伦理型文化，中国学术基本上是人文学术。我们缺乏科学观察与研究的兴趣，缺乏对客观对象内在结构进行深入研究的欲望，对客体的观察和研究往往止步于类型化的归纳和神似化的感悟，不喜研究自然、客体，而喜欢研究人性和自我，表现自我，热衷于彰显自我的内在精神。

在这种意识支配之下产生的心、性、情、意、仁、义、智、信、良知等概念，都是对人生、人性的一种体认，都是一种主体精神的显现。中国哲学的儒道佛三家，关注的都是心。我们还从理学发展出心学，且声势浩大。古人崇尚天人契合，物我无间。在天人之间，着重的是人；在物我之间，强调的是我。中国人十分注重人格的外显，以名声的完美为最大满足，所谓"饿死事小，失节事大"，这"节"，就是一种主体精神，这名声，就是"节"的外显。所谓"独善""清高"也莫不如此。

由此带来的士人的精神品相，就是积极的入世态度和强烈的经世抱负。

这种意识，可能主要起于战国。由于战国时期各国君主礼贤下士的作风而逐渐形成的相对民主的政治风气，催生了一个特殊的阶层——"文学之士"（或谓墨侠，或谓儒生），不问出身，只要有才能学识，就能受到王公大臣的礼遇，以至于形成了一种"不治而议论"（不做官却可以参政议政）的风气，极大地激发了知识分子的经世热情。"不任职而论国事"，齐国的稷下先生就有一千多人。他们意气风发，纵横捭阖，批判现实，参政议政。也许由此就形成了中国古代知识分子入世与经世的传统。

他们有高度的政治热情。学优则仕，投身官场，为民请命，修齐治平，是其基本的人生理想；太上立德，其次立功，其次立言，所谓"三不朽"是其毕生追求。

他们有强烈的社会责任意识，所谓"居庙堂之高，则忧其民，处江湖之远，则忧其君"，"进亦忧，退亦忧"，"先天下之忧而忧，后天下之乐而乐"。

有"为天地立心、为生民立命，为往圣继绝学，为万世开太平"的强烈使命感。

他们有强烈的道德自觉和伦理精神。儒家倡导仁爱，讲孝悌忠信、礼义廉耻，认为治国平天下关键在修身齐家；墨家讲兼爱，讲节用；道家讲知足，讲不争，讲贵柔，讲安贫乐道。各家都在强调一种伦理精神。

他们有强烈的经世致用的意识。在学术上漠视与现实无关的自然知识和抽象理论，"不语怪力乱神"，"未知生，焉知死"，研究学问，不以探颐索隐为目的，而以服务现实人生、服务政治伦理为鹄的。不做为学术的学术，只做为人生的学术。

所谓"内圣外王"，就是其政治理想和伦理修为的集中表述。所以我们特别重视人格的彰显、心灵的表达，最终使汉民族文化心理有了浓厚的表现意识。这种文化特点，其优点和不足都很明显。

 撷 英 掇 华

原典

帝①曰："夔②！命汝典③乐，教胄子④，直而温，宽而栗⑤，刚而无虐⑥，简而无傲。诗言志，歌永言⑦，声依永，律⑧和声。八音克谐⑨，无相夺伦⑩，神人以和⑪。"夔曰："于！予击石拊⑫石，百兽率舞⑬。"(《尚书·舜典》⑭)

①帝：指上古帝王舜帝。②夔（kuí）：人名，传说中尧舜时掌管音乐的人。③典：掌管。④胄子：嫡长子，这里泛指后代。⑤栗：坚毅。⑥虐：残暴、苛刻。⑦永言：延长声音。永：通"咏"。⑧律：音乐术语，即乐律、音律。⑨八音：指古代的八种不同材质的乐器：金、石、土、革、丝、木、匏、竹。克谐：和谐。克：能。⑩夺伦：改变顺序。伦：次序。⑪神人以和：古人认为音乐可以使人神之间交流情感。⑫拊：轻轻敲打。⑬百兽率舞：指古代装扮成各种动物的图腾舞。⑭《尚书》：中国上古历史文献和部分追述古代事迹著作的汇编。约成书于公元前5世纪。《舜典》是《尚书》中的一篇，主要记载了上古时代圣王舜帝施政期间的政典。

文本大意 舜帝说："夔，我命你掌管音乐，要教育我们的子弟，正直而温

中国智慧
写给中学生的18堂国学文艺课

雅，宽宏而庄重，刚毅而不苛刻，简易而不傲慢。诗是用来表达人的志意的，歌是延长诗的语言来突出意义的，声音的高低起伏与歌相配合，乐律是用来调和歌声使其优美动听的。金、石、土、革、丝、木、匏、竹各种乐器各安其序，应和共鸣，从而使人神沟通，天下和谐。"夔说："好啊。我敲击石头，拍打节拍，大家装扮成各种图腾，舞起来吧。"

诗者，志之所之①也，在心为志，发言为诗。情动于中而形于言②，言之不足，故嗟叹之，嗟叹之不足故永歌之，永歌之不足，不知手之舞之，足之蹈之也。（节选自《毛诗序》③）

①之：动词"到"，这里指"表达、抒发"。②中：心中。形：表现。③毛诗：西汉时鲁国毛亨和赵国毛苌所辑和注的古文《诗》，也就是现在流行于世的《诗经》。《毛诗序》：是"毛诗"的总序，是我国古代的第一篇诗歌专论。

文本大意 诗是心志的表现。在心里是志意，表现出来就成了诗。情感荡漾于心中，表现为言语，言语不足以表达，于是便唉声感叹，唉声感叹还不足以表达，便长声而歌，长声而歌还不足以表达，不知不觉就手舞足蹈了。

屈平疾王听之不聪也，谗谄之蔽明也，邪曲之害公也，方正之不容也，故忧愁幽思而作《离骚》①。"离骚"者，犹离忧也。夫天者，人之始也；父母者，人之本也。人穷则反本②，故劳苦倦极，未尝不呼天也；疾痛惨怛③，未尝不呼父母也。屈平正道直行，竭忠尽智，以事其君，谗人间之，可谓穷矣。信而见④疑，忠而被谤，能无怨乎？屈平之作《离骚》，盖自怨生也。（《史记·屈原列传》）

①《离骚》：战国时楚国诗人屈原长篇抒情诗。关于诗题，一说"离"为"罹"的通假字，"离骚"就是遭受忧患。二说"离"为离别，"离骚"就是离别的忧愁。②反本：追思根本。反：通"返"。③惨怛（dá）：忧伤。④见：被。

文本大意 屈原痛心怀王被谗言所蒙蔽，不能广纳群言，邪恶的小人妨碍国家，端方正直的君子不为朝廷所容，所以忧愁苦闷，写下了《离骚》。"离骚"，就是感到忧愁的意思。天是人类的本源，父母是人的根本。人处于困境就会追念本源，到了极其劳苦疲倦的时候，没有不叫天的；遇到病痛或忧伤的时候，没有不叫父母的。屈原行为正直，竭尽自己的忠诚和智慧来辅助君主，谗邪的小人来离间他，可以说是到了极端的困境。诚信却被怀疑，忠实却被诽谤，能没有怨恨吗？屈原写《离骚》，大概是由怨愤引起的。

名言

◎诗言志，歌永言，声依永，律和声。(《尚书》)

◎诗可以兴，可以观，可以群，可以怨。(春秋·孔子)

◎诗者，志之所之也，在心为志，发言为诗。(《毛诗序》)

◎是故治世之音安以乐，其政和；乱世之音怨以怒，其政乖；亡国之音哀以思，其民困。(《礼记》)

◎《诗》三百篇，大抵圣贤发愤之所为作也。(汉·司马迁)

◎凡斯种种，感荡心灵，非陈诗何以展其义？非长歌何以骋其情？(南朝梁·钟嵘)

◎文则数言乃成其意，书则一字已见其心。(唐·张怀瓘)

◎夫和平之音淡薄，而愁思之声要眇，欢愉之辞难工，而穷苦之言易好也。(唐·韩愈)

◎与世浮沉惟酒可，随人忧乐以诗鸣。(宋·黄庭坚)

◎少年不识愁滋味，爱上层楼。爱上层楼，为赋新词强说愁。而今识尽愁滋味，欲说还休。欲说还休，却道天凉好个秋。(宋·辛弃疾)

成语

◎诗以道志：用诗歌表达自己的思想和志趣。

◎长歌当哭：以长声悲歌代替痛哭，多指书写诗文以抒发心中的悲愤。

◎不平则鸣：人遇到不公平的事情，就会发出不满的呼声。

◎蚌病成珠：指珍珠由蚌的痛苦孕育而成，比喻因不得志而写出好文章。

◎穷而后工：旧时认为文人越是穷困不得志，情感就会越浓烈，诗文就写得越好。

◎即景生情：对眼前的情景有所感触而产生某种思想情感。

◎情见乎辞：情感表现在言辞当中。

中国智慧
写给中学生的18堂国学文艺课

第 18 课

诗性文化：文化的维新路径与艺术特质

诗性文化，指中国文化从思维到表达整体都具有一种艺术性气质的特征。

整体的诗意生存

在中国，从儒道释三家到普通平民，从一般士人到封建帝王，普遍追求艺术。

儒家倡导礼乐治国，"诗乐"成了儒家的文化追求。孔子曾跟当时的著名乐师师旷学琴，他能从乐曲想象出作者的皮肤、相貌和身份，三十多岁便已有极高的礼乐造诣，成为礼乐权威。他尤其迷恋上古圣王的宫廷音乐，曾赞叹舜时代的《韶乐》："尽美矣，又尽善矣。"（《论语·八佾》）以至于当他在齐国听到《韶乐》后，竟"三月不知肉味"，而且无限感叹道："不图为乐之至于斯也！"（《论语·述而》）如果说儒家倡"乐"有很强烈的政治目的，而孔子"吾与点也"却恰恰是在追求一种艺术人生，孔子特别欣赏他的弟子曾皙所描绘的生活情景：暮春时节，穿上春服，邀约三五知己、几位少年，在沂水里洗澡，在舞雩台上沐浴春风，在歌声中踏上归途。孔子追求的是一种诗意的生存。

道家明里反对艺术，但又最合艺术精神，其与自然契合，追求"大象无形"的浑成境界，就是艺术境界。尤其庄子，其人生实在是最为艺术的人生，你看其庄周化蝶，梦境与现实完全打通，物与我合而为一。

佛家本是四大皆空，然禅宗的见性成佛与公案参悟，实为一种艺术化的修行。

儒道佛艺术化了，中医也是艺术化的。中医切脉，医生必先调息，以使主体（医生）与客体（病人）形成一种生命的和谐共振。中国武学也是艺术化的。西方武术，一拳一剑，直指要害，招招伤人。而中国功夫却讲究动静、回环、刚柔、虚实，很有一种艺术意境，因而很具观赏价值。

诗赋文辞、画琴棋书是士子的基本修养，吟诗作对也是妇孺皆能。而贫民的家庭布置，也极具艺术范儿。钱穆先生说："宋以后的文学艺术，都已平民化了，每一个平民家庭的厅堂墙壁上，总会挂有几幅字画，上面写着几句诗，或画上几根竹子，几只小鸟之类……甚至家庭日常使用的一只茶杯和一把茶壶，一边总有几笔画，另一边总有几句诗。甚至你晚上卧床的枕头上，也往往会绣有诗画。令人日常接触到的，尽是艺术，尽是文学，而尽已平民化了。单纯、淡泊、和平、安静，让你沉默体味，教你怡然自得。"说每一个家庭都如此或许夸张，但说大多如此则是事实。再把目光朝向最上，我们还会发现，中国出了许多艺术家皇帝：汉成帝、梁元帝、陈后主、隋炀帝、唐玄宗、李后主、宋徽宗、宋宁宗等，虽然多为昏君，但也有唐太宗这样对书法颇有研究的一代明君。

这一切现象足可说明汉民族文化心理的艺术追求。这种追求甚至至死不渝。伯夷、叔齐在首阳山上即将饿死时，还要作歌抒情："登彼西山兮，采其薇矣。以暴易暴兮，不知其非矣。神农虞夏，忽焉没兮，我安适归矣？于嗟徂兮，命之衰矣！"孔子临终时，也作歌抒情道："太（泰）山坏乎，梁柱摧乎，哲人萎乎！"

文人的精神寄托

琴棋书画诗酒茶花，既是文人的生活追求，更是文人的精神寄托。

先说琴。"琴为书室中雅乐，不可一日不对清音"（明代屠隆语）。家中置琴，并非一定为了弹奏，更多是在营造气氛。文人抚琴，在道不在技，在明志趣，抒心志，求知音；讲究身心合一、冲淡平和。《学琴七要》规定："不为俗奏，以玷古人高风……如不遇知音，宁对清风明月、苍松怪石。"所以子期逝后，伯牙摔琴，誓不再弹。

围棋是文人必修课。清人张潮《幽梦影》说："虽不工弈，而楸枰不可不备；若无翰墨棋酒，不必定作人身。"弈棋乃文人的必备技艺。大文人以文名，亦多以棋闻，如晋宋之两谢（南朝文学家谢灵运、谢惠

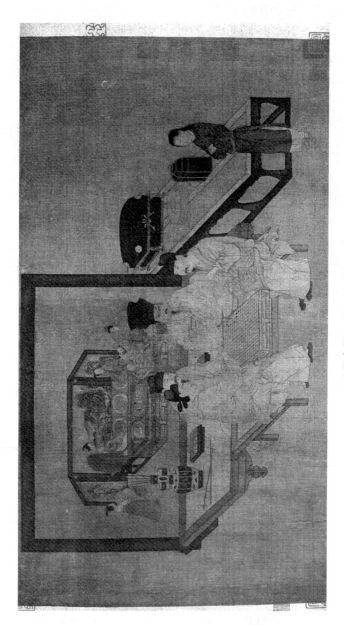

重屏会棋图（周文矩　绘）

连），唐之杜甫、白居易、杜牧、刘禹锡，宋之寇准、范仲淹、晏殊、欧阳修、王安石、黄庭坚、陆游、文天祥，等等。或艺虽不高，却嗜棋如命，如晋之王导；或虽不善弈，却喜观棋，如宋之苏轼、清之钱谦益。棋于国人，不是技，而是艺，是修养，故重风度，看涵养，须不媚俗，不阿时，不屈己，不求人。讲冲和恬淡、不战屈人。轻输赢，讲定力。或两军对垒，兵力悬殊，或外敌入侵，都城震怖，身为主帅，却能从容弈棋，谈笑退敌，如淝水之谢安、大宋之宗泽。南朝刘宋时期的王景文，与人对弈，接明帝赐死的敕令，仍气定神闲，与人争胜，弈至终局，待从容收棋，才对众人缓缓展示敕令："奉敕赐死。"举毒酒对客人："此酒不堪相劝。"遂一饮而绝。面对死亡，仍不改其艺术精神。

书法作为士子修养，自不待言。但书法不在描摹与再现，而在表现心灵。所谓"夫书，心画也。有诸中必形诸外"（刘有定）。学书，要求"品高""学富"，傅山说："作字先做人，人奇字亦古。"书法讲究中和之美，王羲之、颜真卿等为世人推崇，就在于其气度的中和秀雅，孙过庭评王羲之："思虑通审，志气和平，不激不厉，而风规自远。"

绘画其始，并未成为文人必修课，多匠人的功利写实，至魏晋，文人画兴，开以画养心、以画遣兴、以画抒情之风。到宋以后，可以说不知画，不足为文人。文人画讲究气韵格调，讲究诗书画结合，讲究神似。所以诗画之于文人，旨在传达精神气度。

品茶饮酒，成了中国文人的艺术化行为。文人于茶，雅称品茗，殊非解渴，一涉解渴，即称驴饮。茗至于品，即有茶道，即上升为情趣，为审美。文人品茗，择境、择茶、择具、择水，更择人，特讲清闲二字，讲求节奏舒缓，意态悠然，可谓境幽，水清，人雅，心闲，事悠。试想，觅一雅室，得二三知己，品几杯清茶，洗净尘心，物我两忘，是何等的空灵意趣。

至于酒，更显传统文人的精神气质和生命形象。诗与酒，难解难分，所谓"诗酒趁年华"。著名诗人，诗中多酒，陶渊明、李白、杜甫、白居易都如此。《全唐诗》录白居易诗两千多首，涉酒者九百多。《全唐诗》录诗不足五万，涉酒者六千多。在文人们看来，酒见"真性"，因"物情惟有醉中真"（贺铸），"此中有真意，欲辨已忘言"（陶渊明），"酒之所乐，乐其全真"（皮日休），"若非杯酒里，何以寄天真"（李敬方）；酒中有真情，"酒逢知己饮，诗向会人吟"（普济）；酒中显"达"，"诗万首，酒千觞，几曾着眼看侯王"（朱敦儒）；酒中更有诗意，"有客无酒，有酒无肴。月白风清，如此良夜何"（苏轼），"桃李春风一杯酒，江湖夜雨十年灯"（黄庭坚）。文人嗜酒，率直坦荡，为的是真、达、雅，为的是自我实现和自我超越。

至于诗赋，更是文人的生命。自隋、唐开始以诗赋取仕，以诗赋为核心兼琴棋书画的审美品位，几乎是衡量人才的唯一标准，或者说，作为人才，你可以不懂天文、历算，但却必须用琴棋书画来修养身心，以诗赋来彰显才华。

学术的诗性表达

在西方人看来，学术是抽象的，是逻辑的，是理性的，因而西方的学术著作抽象演绎，繁奥复杂。但国人的理性思考却多以诗意的方式表达，另有一番意趣。

中国学术喜用诗化的语言，有"六经皆史"说（章学诚），"六经皆艺"说（马一浮），钱锺书更提出"六经皆诗"。读司空图《二十四诗品》，你就不知是在读诗论还是在读诗，这完全艺术化了的诗论与康德的《判断力批判》形成了鲜明对比。文化早期作品也是如此，如《周易》，实际上也是诗化的。

如《坤》卦爻辞：

履霜，坚冰。

直方，含章。

括囊，黄裳。

龙战于野，其血玄黄。

《同人》卦：

同人于野，同人于门，同人于宗。

伏戎于莽，升其高陵，三岁不兴。

乘其墉，弗克攻。

同人先号啕，而后笑。

大师克相遇。

同人于郊。

《需》卦：

需于郊，需于沙。

需于泥，致寇至。

需于血，出自穴。

需于酒食。

入于穴，有不速之客，三人来。

这就是诗，是完完全全的诗。这样的例子并不少见。读其他理论著作，你都或多或少会有此种感觉。

中国文人有极强的修辞癖。僧人道安曾说，"胡经（指印度经典）尚质、秦人（汉人）好文……意使经合众人口味"，他认为汉译佛典的欠缺在于译著者以过度饰美的效果来迎合大众的精神嗜好。中国诗学还特别发展出了一种称为"诗话"的东西。李约瑟甚至把中国的数学称为"修辞的数学"（《中国科学技术史》）。

国人语言喜用形象化的暗示，常带文学想象成分，喜用比喻，多让读者在暗示中获得顿悟。如《庄子》一书，哲学耶？文学耶？其鲲鹏、其蝴蝶，就是优美的文学想象！禅宗阐释佛学，多不用演绎，却是发展了一种名为"公案"的案例式教学。中国文学有一种特别的样式，是专门用来说理的，这就是寓言。中国寓言是世界三大寓言体系中唯一没有中断过创作的，数量巨大，艺术成就很高，但是中国古代寓言却基本处在一种自然发展状态。中国文人很少自觉研究寓言，却不知不觉、自然而然地采用这种说理的方式。

中国古代的哲学思想往往是用诗的形式来表达的。中国诗学出奇地发达，中国也被称为诗的国度。法国的"百科全书"《人间喜剧》，是"研究"的，有所谓"风俗研究""哲学研究""分析研究"。中国的"百科全书"却是《诗经》，是完全诗性的。赵士林先生说："中国文化的本体是诗，其精神方式是诗学，其文化基因库是《诗经》，其精神峰顶是唐诗。一言以蔽之，中国文化是诗性文化。"

政治的诗性情结

西方政治伦理是排斥诗乐的，柏拉图就曾以诗歌伤风败俗为由，要把诗人赶出理想国。华夏文明却是诗礼传家，礼乐治国，强调诗乐教化，形成了所谓的诗教、乐教、礼教。

古人认为："治世之音安以乐，其政和。乱世之音怨以怒，其政乖。亡国之音哀以思，其民困。声音之道与政通矣！"（《乐记》）

当年舜帝曾命夔掌管音乐，教导子弟，形成"直而温，宽而栗，刚而无虐，简而无傲"的品性，认为音乐能促进人与人、人与神之间的和谐。周礼规定，乐舞是贵族生活的必备修养，王室及贵族子弟从十三岁开始，要逐渐学习掌握各种礼仪乐舞。

古代诗乐一体，对音乐的重视就是对诗歌的重视。《诗经》竟然成了中华民族最权威的经典，因为"正得失，动天地，感鬼神，莫近于诗。先王以是经夫妇，成孝敬，厚人伦，美教化，移风俗"（《毛诗序》）。

孔子非常重视诗教，亲自删订诗书，并教育儿子："小子何莫学夫《诗》？《诗》可以兴，可以观，可以群，可以怨；迩之事父，远之事君；多识于鸟兽草木之名。"他认为，诗歌可以引发联想，考察民情，亲近友朋，抒发情感。"兴观群怨"是孔子对诗歌价值的概括，也是中国古人对诗歌价值的基本认识。

诗言志，是中国诗教的基本精神。春秋就有了赋诗观志的传统，《左传》中有多次记载。由于通过诗乐可以体察民风，考察时政，于是就有了采诗观风的传统。如鲁襄公二十九年，吴国公子季札观乐，实际是听唱《诗经》，他从"风""雅""颂"中看到了各地的民情风俗和政治得失。古有采诗之制。《礼记·王制》所说："天子五年一巡守。岁二月，东巡守……命太师陈诗以观民风。"古代有专门人员摇着木铎走街串巷，采诗入乐，献给天子，以供其"观民风，知得失"。汉代的乐府，就是采诗的机构。

语言的诗意特征

汉民族文化这种诗性传统，与其语言特点密不可分。汉语有以下几个方面的特点，都说明它是一种诗性语言。

模糊性与灵活性。与印欧语系相比，属于汉藏语系的汉语，没有人称、数、时态等的形式变化，在词汇上具有多义性、模糊性的特点，在语法上具有灵活性、随意性的特点。

重具象。抽象的概念表述与具体的形象比喻，形成了中西语言的一大差异。古人重具象的意识十分自觉而又明确。在他们看来，书不尽言，言不尽意，抽象的语言不足以反映事物本质，因而"圣人立象以尽意"（《周易·系辞下》）。人类当然离不开语言，于是古人只好尽量用语言中具象的词语来表情达意，因而中国古籍中抽象的用词很少，国人发明了许多具象概念，如气、阴阳、五行、和、同、一、两等重要的哲学范畴。

比喻象征特别发达。在西方最为抽象的数学，在中国却很少使用抽象概念，而是通过"算筹"把它具象化了。《九章算术》中关于形的命名，基本上是象形命名。以致在西方学者看来："中国人的思维并不采用抽象的逻辑思维。而是发展一种与西方相去甚远的语言……他们的著作和言语是简短的、不清晰的、富于暗示性的想象。"

重体验，讲意会。抽象的文字变成了精美的艺术，抽象的语言具有了"一种隐喻的、带文学色彩的风格。这种风格在西方往往被称为诗的风格"。由于模糊，由于灵活，由于具象性，汉语的组织方式和理解机制都充满感受和体验的精神，重视直觉和意会，富于形象的美感。在理解策略上，汉语不是据语言形态的外显标志去追寻意蕴，往往是靠"意会"直达本心，直接抓住其内在的"神"。所以钱基博在《国文法研究》中说："我国文章尤有不同于欧美者，盖欧美重形式而我国文章重精神也。"

富于音乐美感。汉语是声律语言，在语音上具有因单音节和声调而带来的音乐性的特点，特别讲究声韵的抑扬顿挫和组织结构的平行对应。我们的古典诗词，尤其是格律诗和词，只能属于汉语，一旦译成别的文字，就味道全失。

辜鸿铭指出："汉语是一种心灵的语言、一种诗的语言，它具有诗意和韵味，这便是为什么即使是古代的中国人的一封散文体短信，读起来也像一首诗的缘故。"(《中国人的精神》)

文化的维新路径

文化的诗化，最终源于其独特的思维方式和文化路径。

中西文化根本的差异就在诗性与理性的对立。

人是自然的一部分，与自然本是合一的，但是随着文明的发展，人越来越觉得自己了不起，是万物的灵长，不甘与万物为伍，从而与天斗与地斗，企图与猴子完全划清界限。文明之初，人类是感性的，一路发展，发现了理性的价值，于是企图抛弃感性，成为纯理性的动物。于是在身份上将人与自然、人与社会彻底分裂，在思维方式和行为方式上，也将感性和理性彻底分裂。这是西方文明的路径，是一条彻底革命的路径。

但是中国文明走的是一条维新路径，善于用旧瓶装新酒，我们从猴子变成人，脱掉了毛发，穿上了丝绸，学会了思考，但是，我们没有完全抛弃人与自然、人与社会的天然联系和原始情感，尤其在思维方式上，没有完全抛弃原始的具象而去走向彻底的抽象，却适当保留了感性和理性相互渗透的原初状态。

汉民族传统思维表层的具象与深层的抽象虽非同构却水乳交融，"气"并非真是气，"阴阳"也并非真是男女，是一种表层的具象与深层的抽象的二律背反的张力结构。

这里，表层具象是深层抽象的凝聚和外化，是深层抽象的外在物质形态；深层抽象则是表层具象的内化和泛化，是表层具象的内在心理基础。这种思维方式就是通过具象来抽象，我将它称为"具象的抽象"。西方思维亦从原始思维而来，但它完全冲破了具象，以崭新的姿态出现在文明人类社会。汉人思维却始终没有放弃这具象的表层，只是做了一番改造，而其深层结构则更为抽象。如果套用"人惟求旧、器惟求新"的说法，汉民族传统思维方式便是"表层惟求旧，深层惟求新"，以具象之旧瓶，装抽象之新酒。

这种诗性特征和艺术意味十分明显的天人合一、具象抽象合一的思维方式，渗透进华夏民族的骨髓之中，会在其言语、行为、思想中自然而然表现出来。有一个现象很奇怪，老子乃至庄子，明显是反对艺术的，所谓"五色令人目盲；五音令人耳聋；五味令人口爽；驰骋畋猎，令人心发狂；难得之货，令人行妨；是以圣人为腹不为目，故去彼取此"，但是老庄又最合艺术精神。原来，他们反着反着，殊不知自己也走向了真正的艺术，因为他们的思维方式是诗化的，他们反艺术的思维工具是艺术的，恰恰是这不知不觉、自然而然，说明了中国文化的艺术化本质。

于是在文明发展的方式上，我们将诗乐进行到底，无论治国还是修身，我们都选择了"诗"和"礼""乐"。诗和礼乐相辅相成，构成了一个完整有序的社会政治文化制度和大众的修身目标，以此维护社会秩序上的人伦和谐。孔子有言："兴于诗，立于礼，成于乐。"（《论语·泰伯》）诗前乐后礼居中，以诗乐作为礼之两翼。所以中国文化被称为"礼乐文化"，民间叫"诗礼传家"。从社会的角度说是"礼乐"，是"诗礼"，礼乐结合，是中国人的治国的根本途径；从个人角度说是"德艺"，道以艺为表，艺以道为魂。艺道合一，就是中国文人追求的人生体验，就是在这种体验中超越自我，完成生命的自我修炼。

　　"天人合一"是诗化，"抽象具象"合一是诗化，"诗、乐、礼"合一也是诗化。中国文化就这样以诗化的方式，以天人合一消解了人类主体欲望带来的人与自然的对立；以具象抽象合一消解了思维发展带来的感性与理性的心灵对立；以诗乐礼合一消解了社会发展带来的人与人、个人与社会的对立。

　　这就是文明发展的中国模式！历史将证明，这也许是文明发展的最佳模式。

撷英掇华

《原典》

《诗品》节选

钟嵘①

　　气之动物，物之感人，故摇荡性情，行诸舞咏。照烛三才②，晖丽万有，灵祇待之以致飨③，幽微藉之以昭告④，动天地，感鬼神，莫近于诗。

　　……若乃春风春鸟，秋月秋蝉，夏云暑雨，冬月祁寒⑤，斯四候之感诸诗者也。嘉会寄诗以亲，离群托诗以怨。至于楚臣去境[6]，汉妾辞宫[7]；或骨横朔野，或魂逐飞蓬；或负戈外戍，杀气雄边；塞客衣单，孀闺泪尽；或士有解佩出朝，一去忘返；女有扬蛾入宠[8]，再盼倾国。凡斯种种，感荡心灵，非陈诗何以展其义；非长歌何以骋其情？故曰："《诗》可以群，可以怨。"[9]使穷贱易安，幽居靡闷，莫尚于诗矣。故词人作者，罔不爱好。今之士俗，斯风炽矣。才能胜衣[10]，甫就小学[11]，必甘心而驰骛焉。

①钟嵘（约468~约518）：南朝文学批评家，所著《诗品》是我国第一部诗歌评论名著，提出了一套比较系统的诗歌品评标准。②三才：天、地、人。③灵祇（qí）：天地神明。致飨：接受祭奠。④幽微藉之以昭告：幽冥之灵依待它昭明祷告。⑤祁寒：严寒。⑥楚臣去境：指屈原被放逐。⑦汉妾辞宫：指昭君出塞。⑧扬蛾入宠：女性入宫受宠。⑨《诗》可以群，可以怨：语出《论语·阳货》。⑩才能胜衣：刚刚能承受得住成人的衣服，言小孩稍微长大。⑪甫就小学：刚刚入学。甫：开始。古人八岁入小学。

文本大意 气候使景物变化，景物使人心感动，使性情摇荡，使人载歌载舞。它照耀天、地、人三才，使万物光辉美丽，天神依待它来祭祀，幽灵依待它来祷告。能感天动地惊动鬼神的，没有能比得上诗歌的了。

至于那春风、春鸟，秋月、秋蝉，夏云、暑雨，冬月、酷寒，这四季的节令气候，都给人以感触并表现在诗歌里了。美好集会借诗来寓托亲情，离群索居借诗来表达怨恨。至于楚国臣子屈原离开国都，汉朝的妾媵昭君辞别宫廷，有的尸骨横陈北方的荒野，有的魂魄追逐着远去的飞蓬；有的扛着戈矛出外戍守，战斗的气氛弥漫边关，边关客子衣裳单薄，闺中寡妇欲哭无泪；有的士人解下配印辞官离朝，一旦离去就不曾回返；女子扬起蛾眉，入宫受宠，姿色动人，顾盼倾城。这种种情景，感动心灵，不作诗怎么能表达其意蕴？不长篇歌咏怎么来畅抒其情怀？孔子说："诗可以使人合群，可以抒发怨恨。"要使贫穷低贱者容易安心，隐居避世者没有苦闷，没有比诗更好的了。所以文人墨客，没有不爱好作诗的。现在的士子俗人，作诗的风气就更盛了。刚刚才能穿上大人衣服的，就开始学习文字，并且一定心甘情愿地为写诗奔忙。

名言

◎兴于诗，立于礼，成于乐。（春秋·孔子）

◎《诗》可以兴，可以观，可以群，可以怨；迩之事父，远之事君；多识于鸟兽草木之名。（春秋·孔子）

◎莫（暮）春者，春服既成，冠者五六人，童子六七人，浴乎沂，风乎舞雩（yú，鲁国求雨的坛），咏而归。（春秋·曾晳）

◎正得失，动天地，感鬼神，莫近于诗。（《毛诗序》）

◎嘉会寄诗以亲，离群托诗以怨。（南朝梁·钟嵘）

◎休对故人思故国，且将新火试新茶。诗酒趁年华。（宋·苏轼）

◎忠厚传家久，诗书继世长。（宋·苏轼）

◎桃李春风一杯酒，江湖夜雨十年灯。（宋·黄庭坚）

◎酒逢知己饮，诗向会人吟。（宋·普济）

◎诗万首，酒千觞（shāng，酒杯），几曾着眼看侯王。（宋·朱敦儒）

成语

◎诗礼传家：指以儒家经典及其道德规范世代相传。

◎诗礼簪缨：书香门第、官宦之家。

◎诗酒风流：古人崇尚吟诗饮酒，以此为风流韵事。

◎诗情画意：如诗的感情，如画的意境。形容自然环境或文艺作品给人以美感。

◎琴棋书画：弹琴、弈棋、书法、绘画是古代读书人乃至名门闺秀的必备修养。

◎琴歌酒赋：弹琴、唱歌、饮酒、赋诗，都是古代高人逸士的风流雅事。

◎附庸风雅：本来不懂，但也跟着别人弄一点诗词歌赋、琴棋书画等风雅的事。

◎依仁游艺：旧指儒家的道德标准以"仁"为依据，用六艺之教陶冶身心。泛指从事道德修养和技艺的锻炼。

◎迁客骚人：贬黜流放的官吏，多愁善感的诗人。泛指忧愁失意的文人。

后记

"中国智慧"系列读本终于要付梓了。这套书的写成和出版实属不易。想想，应该写个后记，做些记录，以示纪念。

本书的撰写，首先应该感谢我的恩师陈蒲清先生。

1991年，我到湖南教育学院脱产进修，幸遇恩师，得以聆听先生的中国寓言史选修课。先生是湖南省古汉语学会会长，中国寓言研究会副会长，是我国寓言研究的权威。先生在寓言课上旁征博引，时有卓见。受先生启发，我开始研究中国古代寓言繁荣的文化心理原因，写成《试论中国古代寓言繁荣的文化心理原因》一文。我在研究中发现，汉民族传统文化心理与寓言之间有一种同构现象，这引起我学习研究中国古代文化心理的兴趣，于是开始大量阅读文化史方面的著作、论文，大量阅读中国文化典籍，于1993年完成了近三万字的文化史论文《美神精神论——汉民族传统文化心理的新透视》。

先生阅后给予了充分肯定，并要我投到《中国社会科学》，当时我想，一个中学语文老师，不务正业搞文化史研究，怎敢将自己的习作投到中国文科的顶级综合期刊呢？后来，在先生和几位教授的联合推荐下，该文得以在《湖南教育学院学报》1993年第4期用17个版面全文登载。文章发表后，《新华文摘》将其收入到"报刊文章篇目辑览"，中国人民大学报刊复印资料中心《文化研究》和《心理学》同时收录。先生在修订他的寓言史名著《中国古代寓言史》时，还补写了一小节《寓言与民族思维特点》，来分析中国古代寓言与民族思维的关系。

先生的提携和鼓励让我有了进一步学习研究中国文化史的胆量。自那以后，我一直想写一本这方面的书，做些文化史方面的普及推广工作。无奈作为一名高中一线语文教师，繁重的教学教研加上诸多的学校文字材料工作让我一直无暇顾及。

直到2014年，我的工作室团队研究重构高中语文课程课题，其中涉及国学课程的建设问题，写书一事才又被提上日程。2015年我开始收集材料，2016年初开始选择一些古代文化典籍，进行译注和导读，2016年暑假开始编辑《中国文化52个关键词原典导读》(三卷本)，与此同时撰写"中国智慧"这套书。这年暑假我完成不到三分之一，不料突遇恶疾，住院手术，胃切五分之四，然后是持续半年边化疗边上班，导致写作时断时续，直至2018年国庆才完成初稿。

这套书得以完成，要感谢知识出版社姜钦云先生。本书还在构思与写作的起始阶段，姜先生就拟将本书列入他们的出版计划。后来在具体的写作过程中，姜先生和他的团队提出了许多宝贵的建议。

本书一些观点受到现当代不少学者直接或间接的启发，但由于本书主要属于普及性读物，这些启发难以一一具体标明，在此，只能一并致谢。

本书的完成，还要感谢《语文报》和《深圳青少年报》的编辑们。《语文报》的编辑们看了本书的部分样稿之后，特地开设了《胡老师讲国学》专栏，将本书用极简版的形式连载了48期，好评如潮，该栏目还被评为"最佳年度栏目"。随后《深圳青少年报》计划用两年的时间，以适合初中生的通俗版的形式予以连载，迄今已连载20多期，反响良好。这两份报纸以不同的形式连载并大受欢迎，让我看到了我的所谓"观念国学"的价值和意义。

这套书得以完成，更要感谢那些在我生病之后，用各种方式向我表达慰问的亲人、朋友和同事。是他们让我懂得人间有爱，而真正的爱，就是在你需要爱的时候，她就出现了。许多一面之缘的朋友，平时几乎没有联系，可一听说我生病，也都通过某种方式给我问候。是亲人朋友的关怀，给了我战胜疾病的勇气和信心，给了我完成这套书的决心。

这套书得以完成，尤其要感谢我的妻子彭凤林女士。

妻子几十年如一日全心全意照料我的生活，为我的教学教研提供方便，提供帮助。平时我戏称她为我的"专职校对"，因为我发表前的文字，只有经过她的"审阅"，我才会寄出去，凡经过她的校对，差错率极低。早年为了帮我打字，她苦练五笔字打字技术，拆解了《现代汉语词典》收录的所有汉字，成了打字高手。在我生病后住院期间，她昼夜细心陪护自不必说，在我出院后又每日调配营养餐，都要忙到很晚。为了提高我的免疫力，她经常赴香港购买相应药品。我每周要去医院两次，注射提高免疫力的药物，为了减少我的劳顿，她便练习注射技术，每周两次开车赴医院帮我排队取药，为我节省了很多时间。因为病后体弱，加上写作疲劳，我经常浑身酸痛，颈椎发硬，难以入睡，她便帮我按摩，直到我入睡。

正是她这种全身心的照料，让我不敢消沉，不敢悲观，不敢不坚强。是她让我深感我的生命不仅仅属于我自己，也属于我的妻子、我的亲人和朋友，也属于社会。我应该好好活着，为我的妻子，为我的亲人和朋友，为这个社会。我应该为大家做一些有意义的事情。也正是她的悉心照料，给我腾出了很多时间，可以专注于这套书的写作。尤其是她时不时递来的一只苹果，一杯牛奶，或者一杯姜盐茶，更让我感受到了写作过程的快乐。

如果我健康，我的所有成果，都有我妻子的一半功劳；可在我重病之后还能完成这套书的写作，绝大部分的功劳应该属于我的妻子。

胡立根
2019 年 5 月 13 日于深圳羊台山